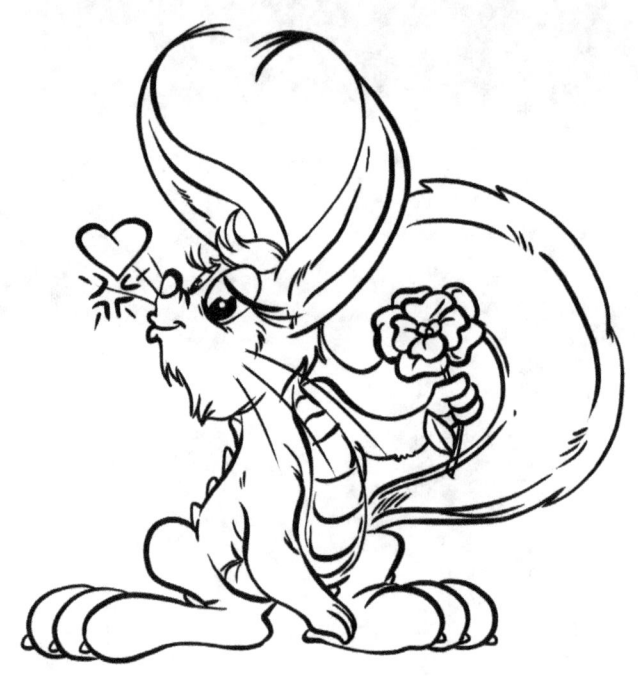

ILLUSTRAZIONI:

L. LIVI

IMPAGINAZIONE:

L. LIVI - E. CIVILETTI

IO SONO BESTY! - © 2017 DO-DO PRINTS (A BMS DIVISION)

TUTTE LE ILLUSTRAZIONE - © 2017 DO-DO PRINTS

TUTTI I PERSONAGGI - © BLUE MONKEY STUDIO

IO SONO BESTY!

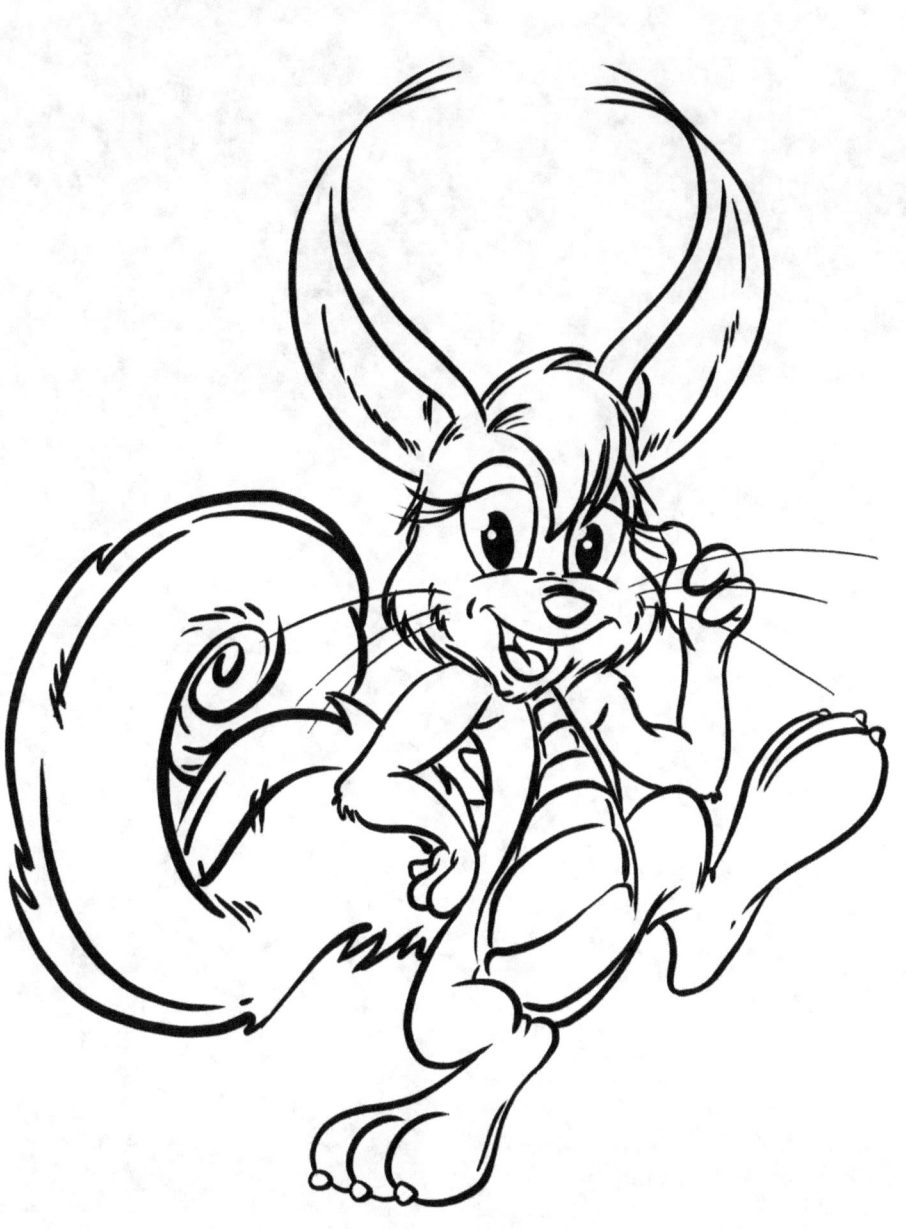

CAPITOLO I

LE MIE ORIGINI!

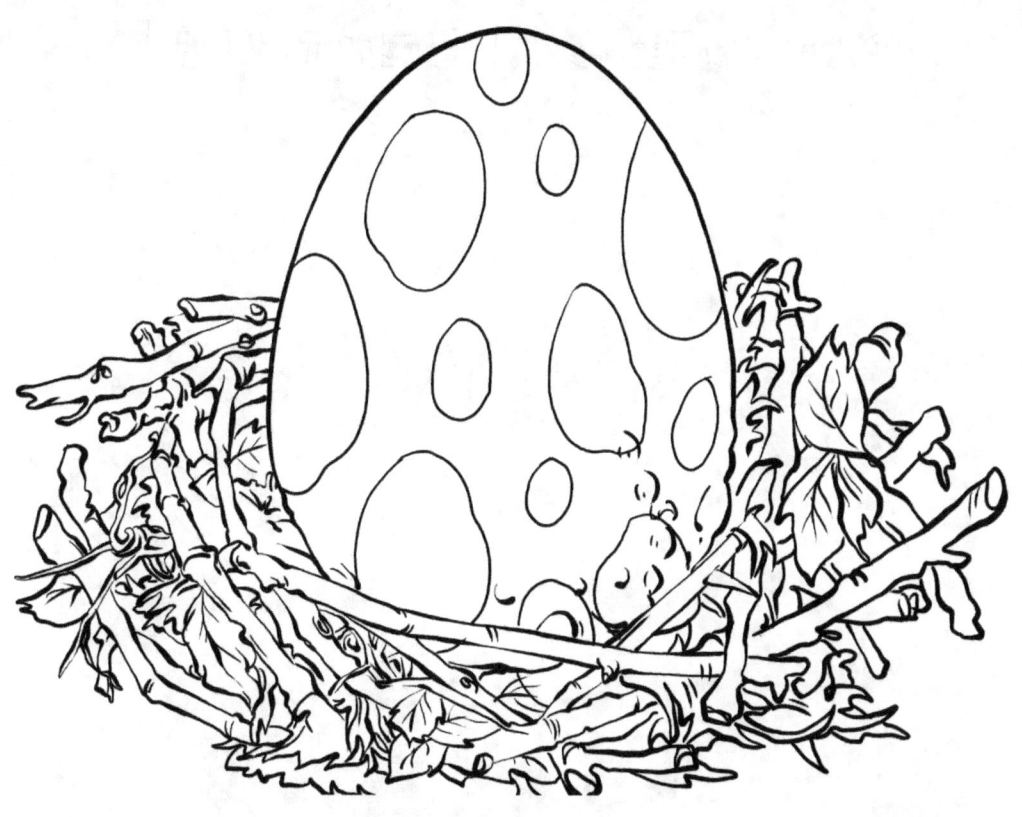

DIVERSA E ORIGINALE!

IL MIO NOME E' BESTY B. BESTY
(CHE STA PER BESTY BESTY BESTY)
E SONO UN BESTIARDINA DOMESTICA.

NON SONO UN ANIMALE E NEMMENO
UN ESSERE UMANO, MA QUALCOSA DI
COMPLETAMENTE DIFFERENTE E PER
DISTINGUERMI, MI HANNO DATO UNA
PATENTE DI IDENTITA'!

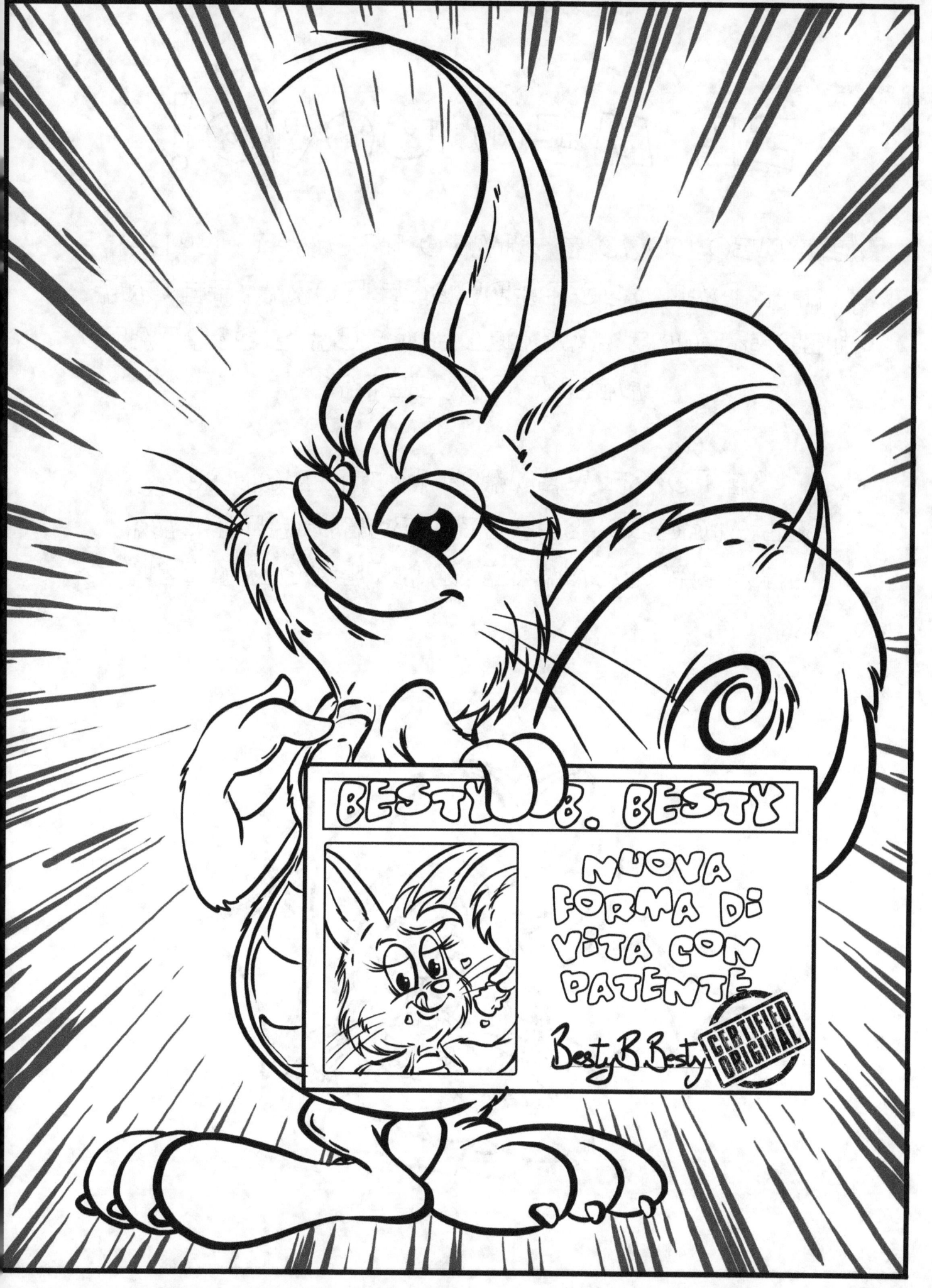

IL MIO UOVO!

IL MIO UOVO E' STATO TROVATO SULLE ANDE DAL MIO PADRONE DURANTE UNA SPEDIZIONE ARCHEOLOGICA E PORTATO NELLA CIVILTA'.

SE FOSSI RIMASTA NEL MONDO SELVAGGIO, SAREI DIVENTATA UNA BESTIARDINA GIGANTE VOLANTE!

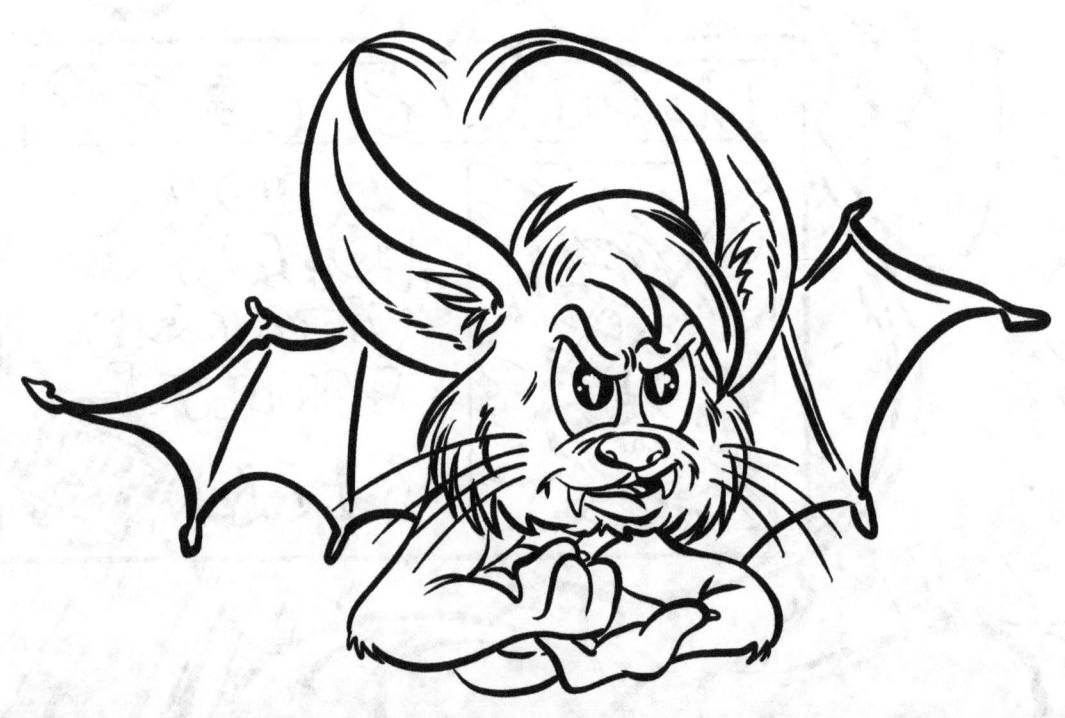

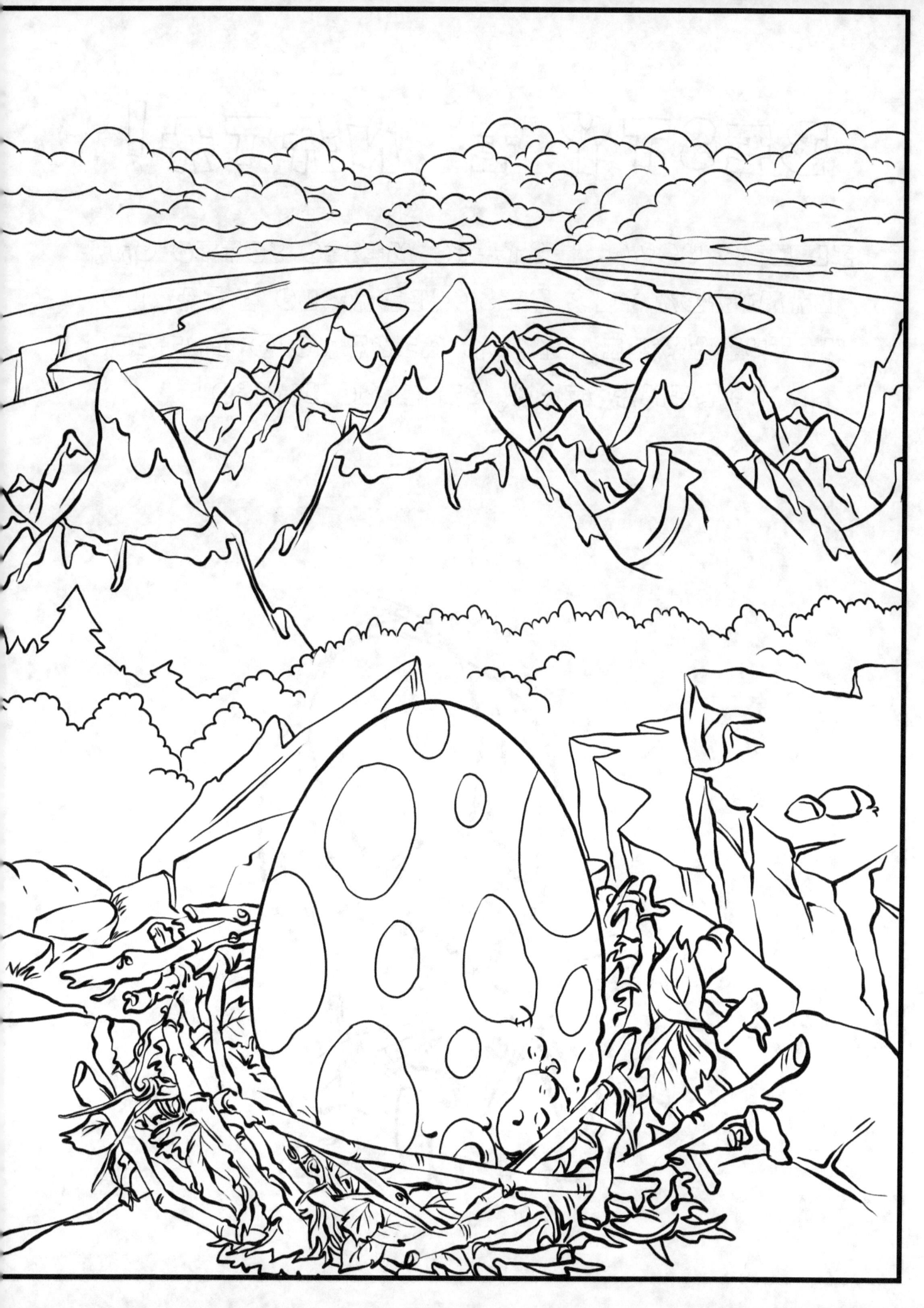

BESTY E' NATA!

IL MIO UOVO E' STATO MESSO SOTTO UNA LAMPADA PER RISCALDARLO E FARLO MATURARE E, IN UN GIORNO D'INIZIO PRIMAVERA, SI E' SCHIUSO!

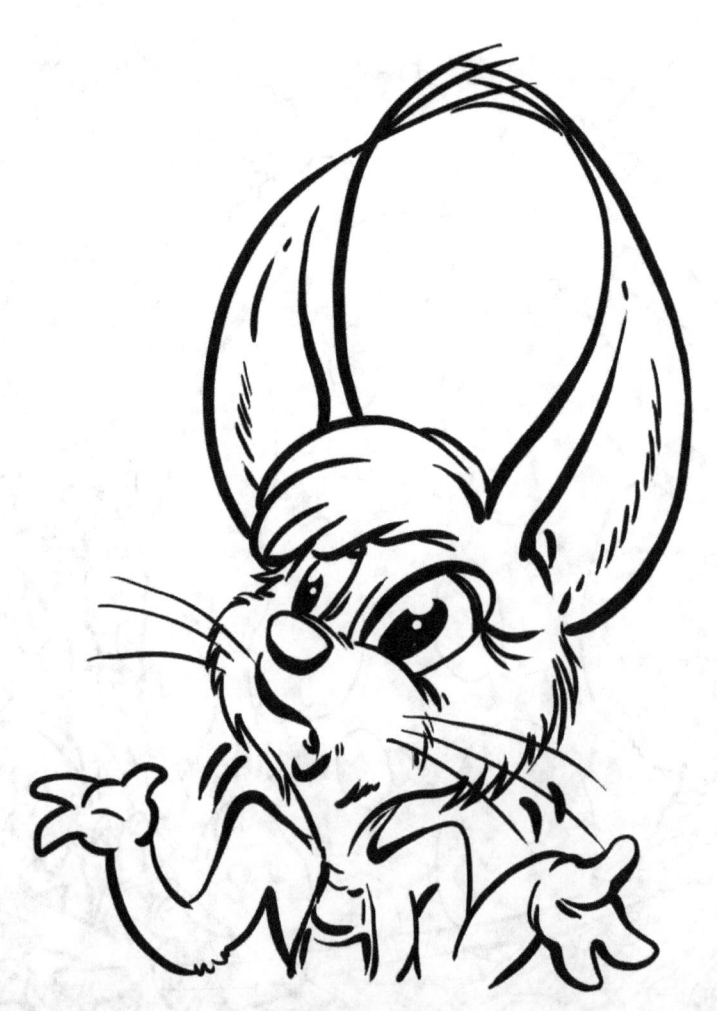

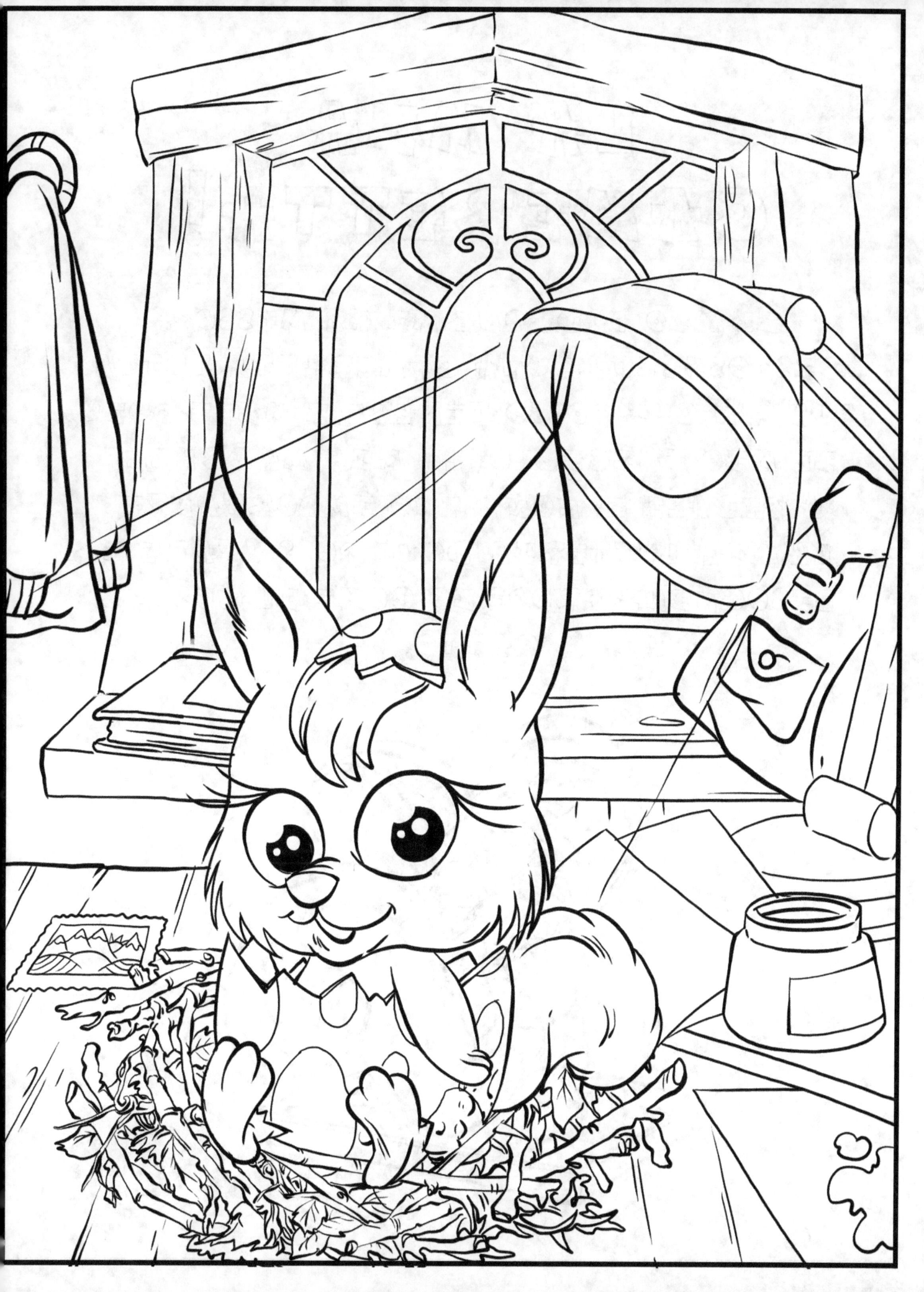

LA MIA CAMERETTA!

IL MIO PADRONE MI HA MESSO A DISPOSIZIONE UNA CAMERATTA TUTTA MIA, IN CUI POSSO TENERE I MIEI QUIU, IL MIO TRICICLO, LA MIA MACCHINA A PEDALI E, NON MENO IMPORTANTE, LA MIA LETTERIA DOVE POSSO FARE I BISOGNINI PROPRIO COME IL VOSTRO GATTO.

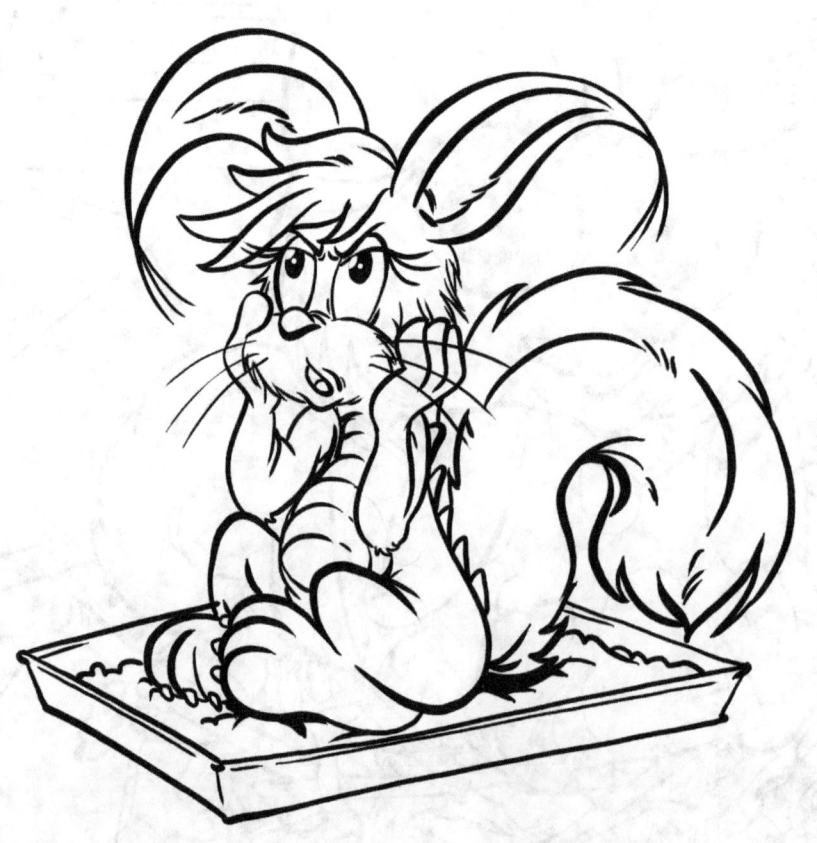

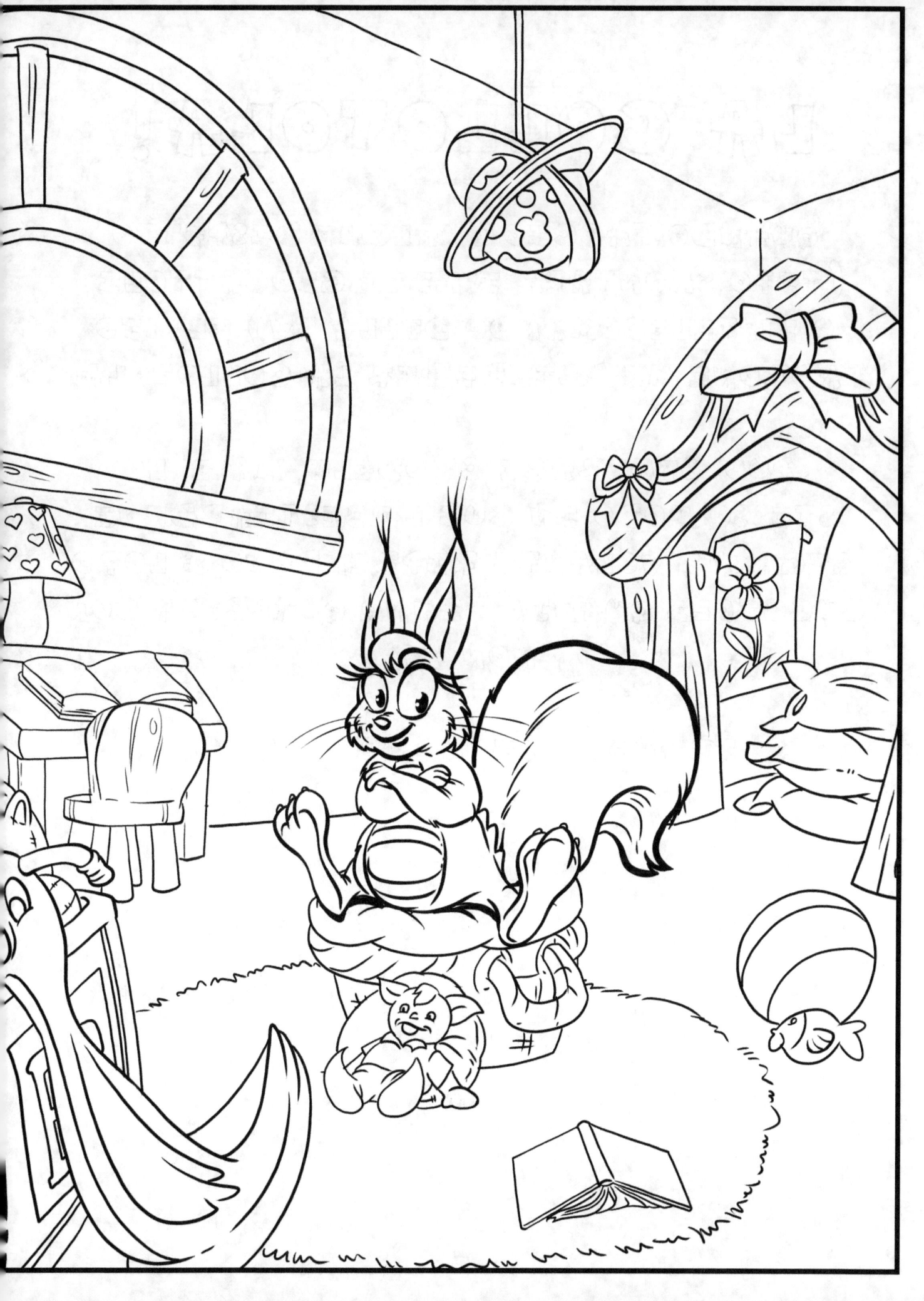

LA COLLOTOLA!

QUANDO FACCIO QUALCHE DISPETTO
(TIPO SMONTARE I MIEI GIOCATTOLI,
O IL TELECOMANDO DELLA TV) IL MIO
PADRONE MI PRENDE PER LA COLLOTOLA.

PUO' SEMBRARE CRUDELE, MA E' LO
STESSO MODO IN CUI LE BESTIARDINE
GIGANTI VOLANTI RIPRENDONO I LORO
CUCCIOLI QUANDO FANNO QUALCOSA CON
NON VA

TRANQUILLI, NON FA MALE!

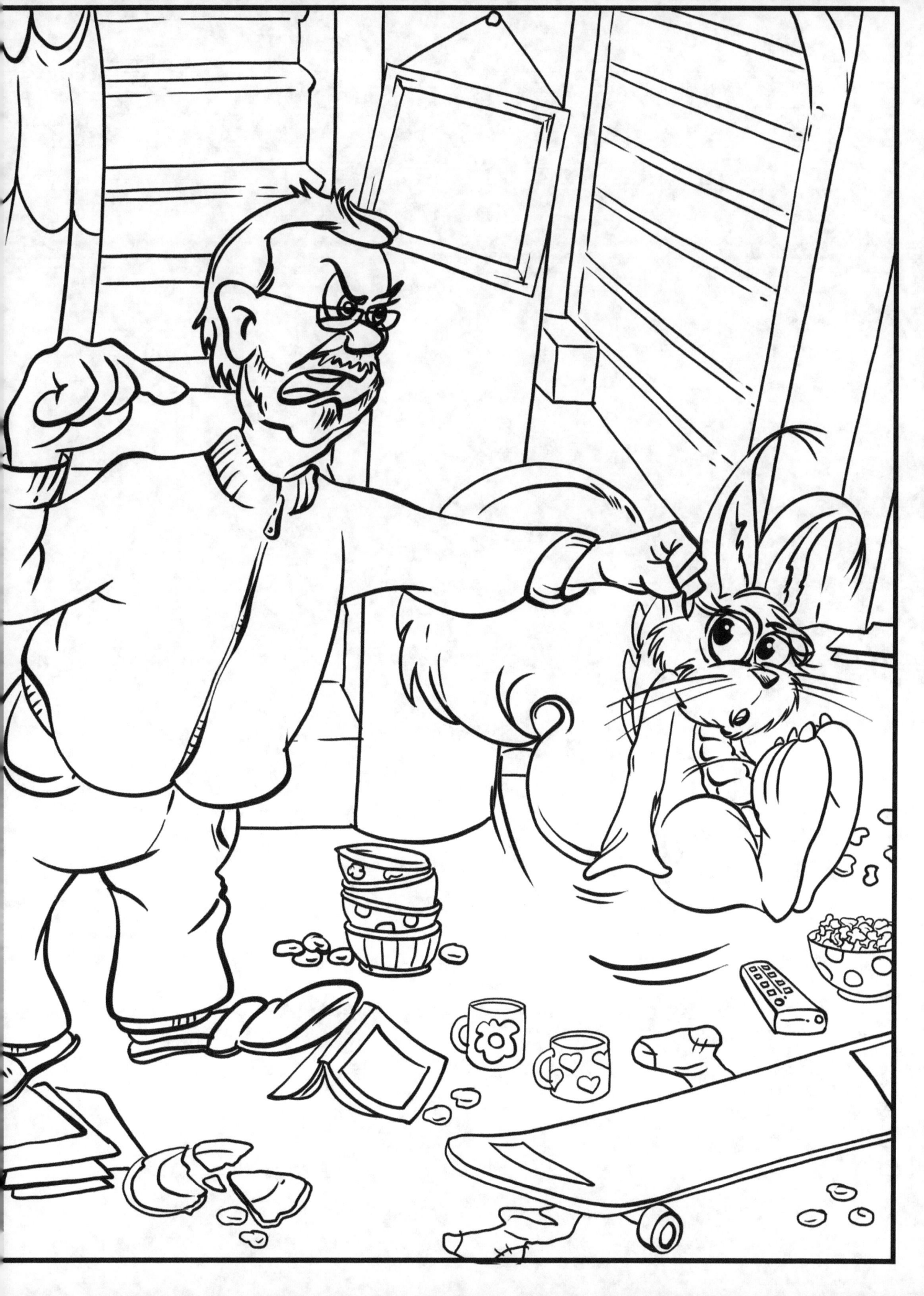

CAPITOLO 2

GLI ALTRI COME ME!

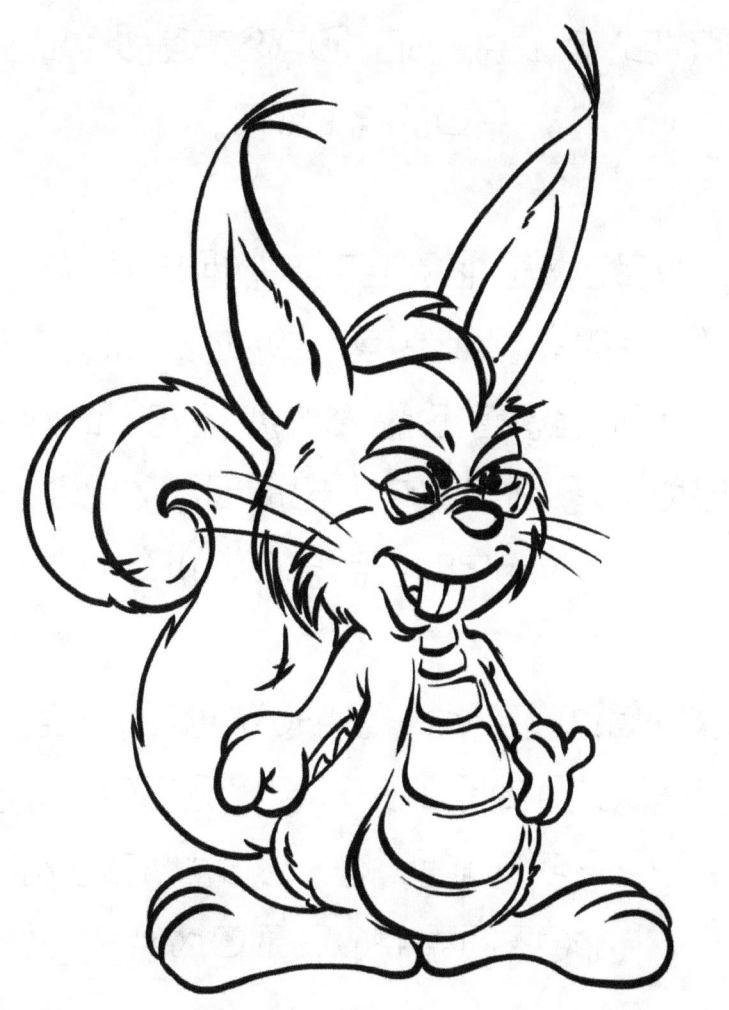

RARA MA NON UNICA!

NON SONO L'UNICA BESTIARDINA DOMESTICA. COME ME CE NE SONO ALTRI TRE:

SKUOROSHI, LUI E' GIAPPONESE (E CARINO). IL SUO PADRONE SI CHIAMA TADASHI E FA IL DISEGNATORE DI FUMETTI.

VINA, VIENE DALL'INDIA E LA SUA PADRONA AMRITA E' UNA MODELLA E LE PIACE TENERE LA SUA BESTIARDINA SEMPRE IN ORDINE (INTANTO SONO PIU' BELLA IO!)

KARINBEW E' AFRICANO, ED HA IL PELO NERO TUTTO RICCIO. VIVE IN UN VILLAGGIO ED E' CONSIDERATO UN PORTAFORTUNA.

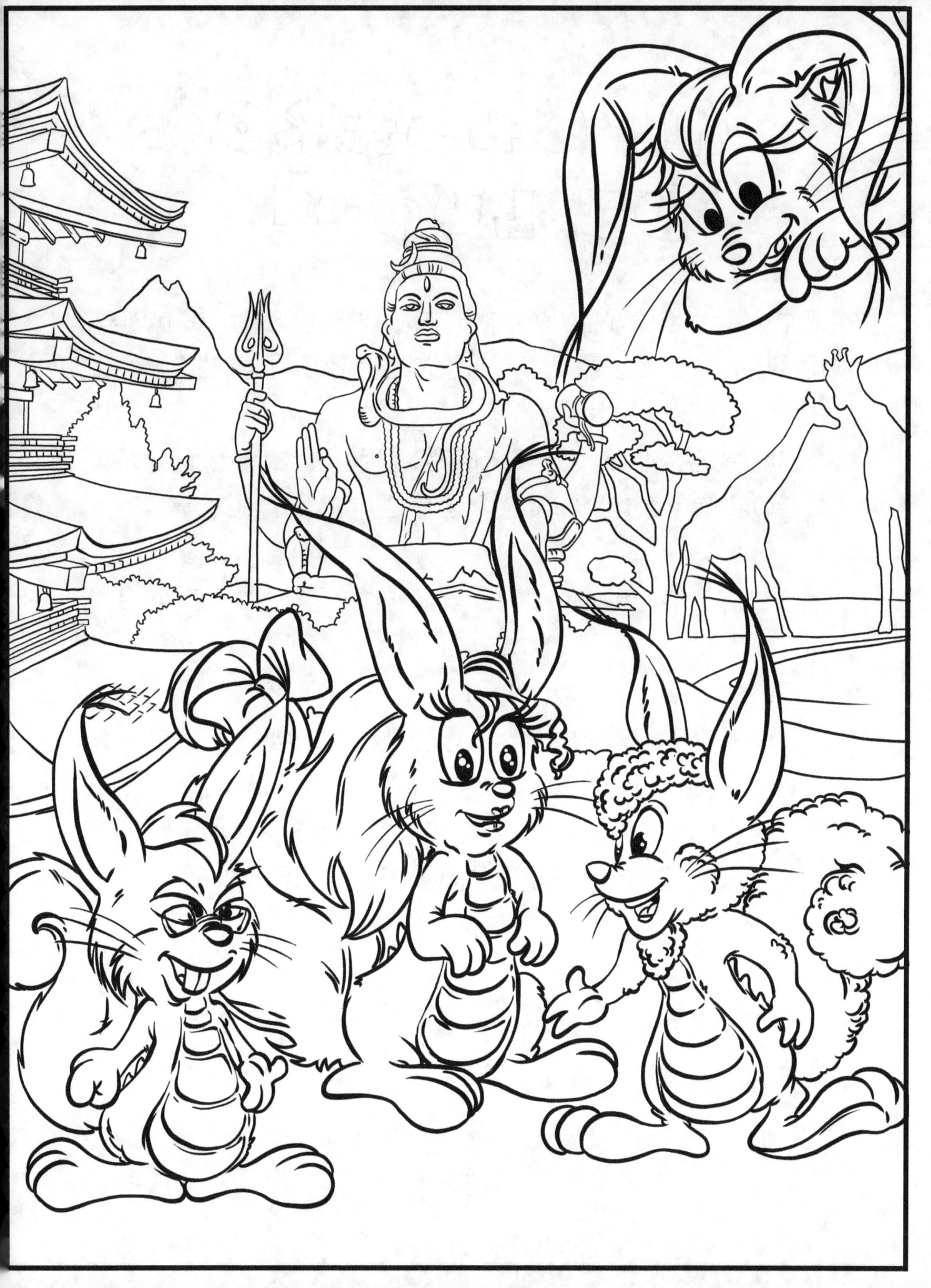

AL CHIARO DI LUNA!

SONO ANDATA CON SKUOROSHI A FARE UNA PASSEGGIATA AL CHIARO DI LUNA...

...E QUANDO GLI HO DATO UN BACINO LUI E' SVENUTO PER L'EMOZIONE!

CI HO RIPROVATO ED E' SVENUTO DI NUOVO!

SPERO CHE IL SUO VETERINARIO LO GUARISCA DA QUESTA SINDROME, ALTRIMENTI NON POTREMO FIDANZARCI QUANDO SAREMO GRANDI!

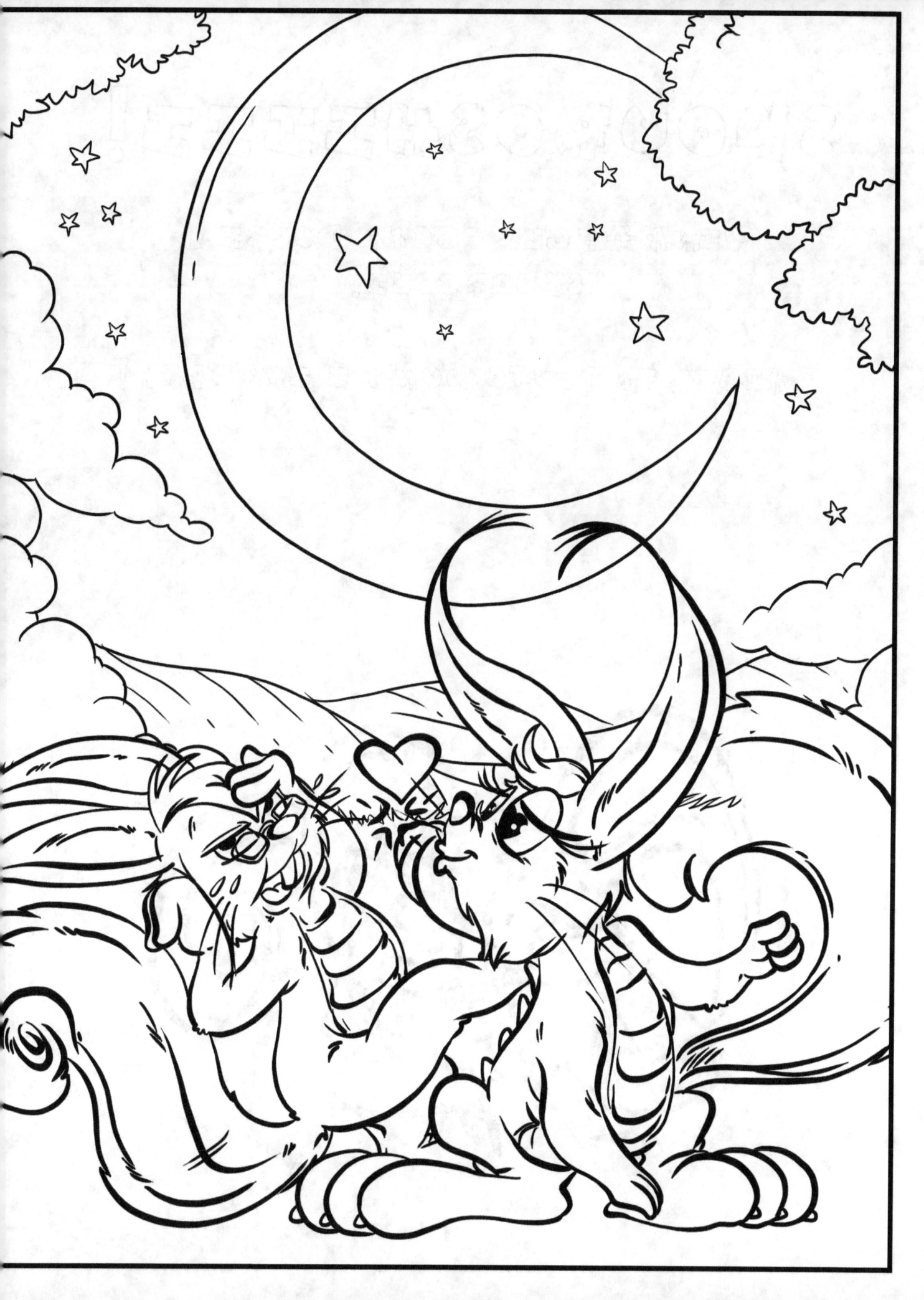

SKOUROSHIIII!

VINA FA GLI OCCHI DOLCI A SKUORISHI!

VABBE', INTANTO NON MI IMPORTA!

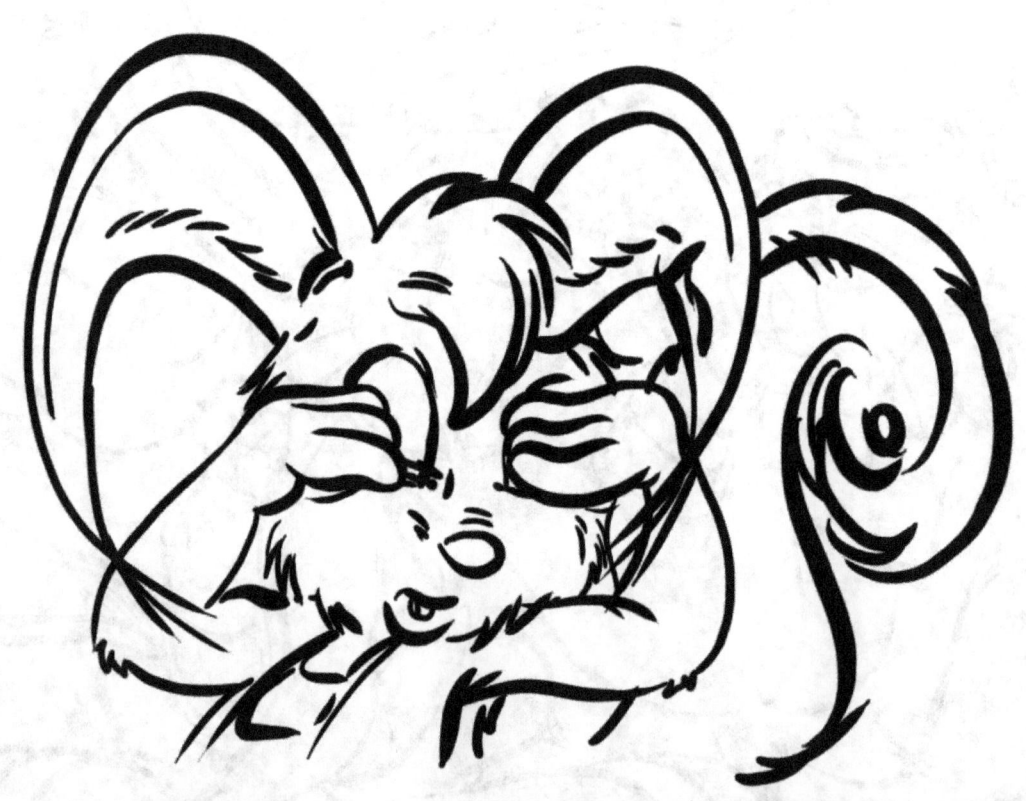

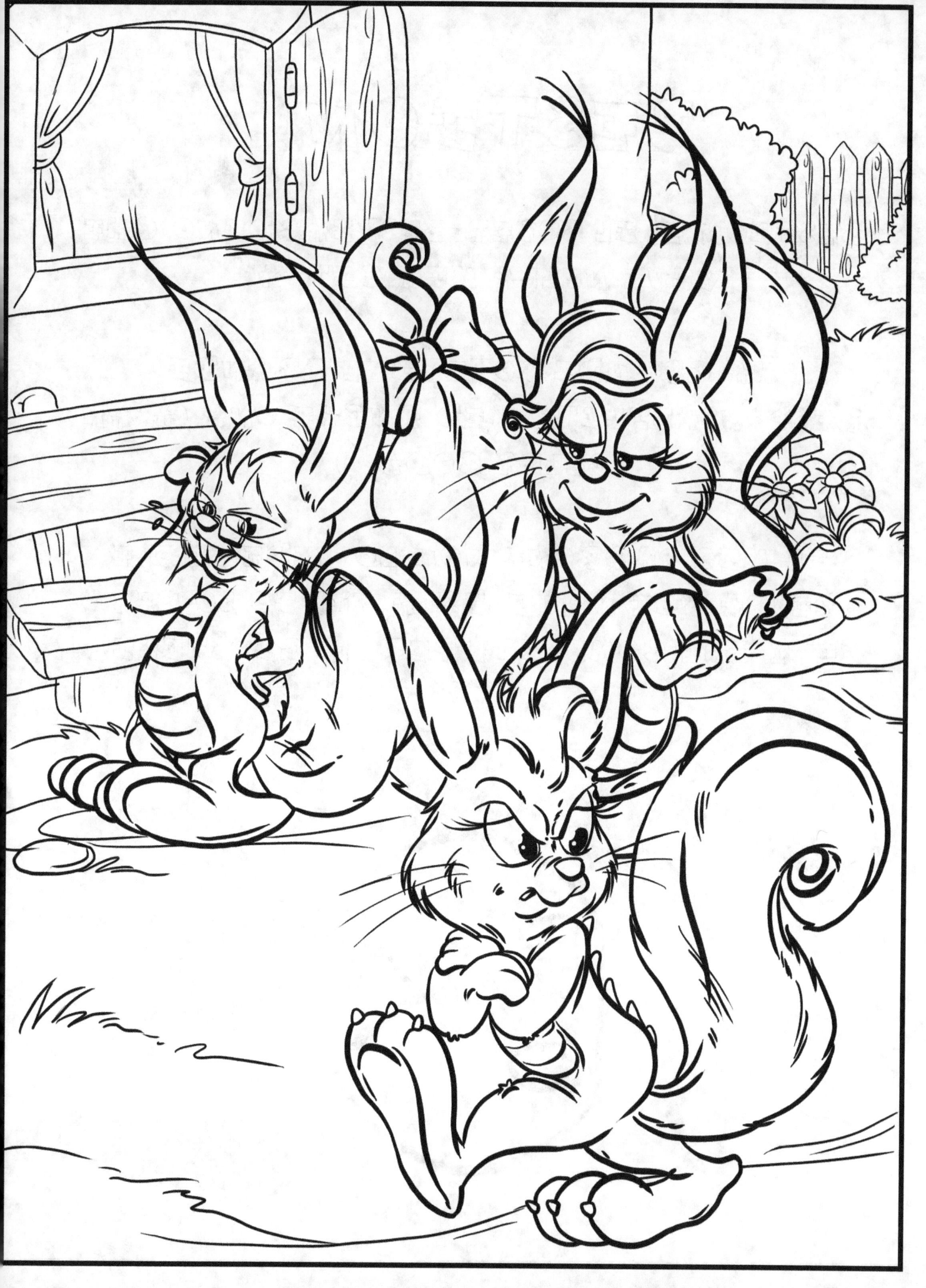

BESTION!

BESTION E' IL SUPER-BESTIARDINO CHE VIVE NELLA MIA CITTA'!

HA GRANDI POTERI E GRANDI RESPONSABILITA' (ED ANCHE UNA GRAN BELLA CODA!)

IL MIO PADRONE NON LO VEDE MAI E PENSA CHE NON ESISTA, MA IO SO CHE C'E' E CHE COMBATTE PER LA GIUSTIZIA!

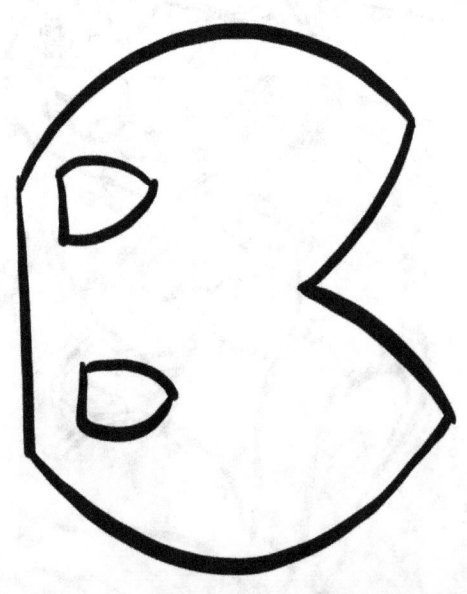

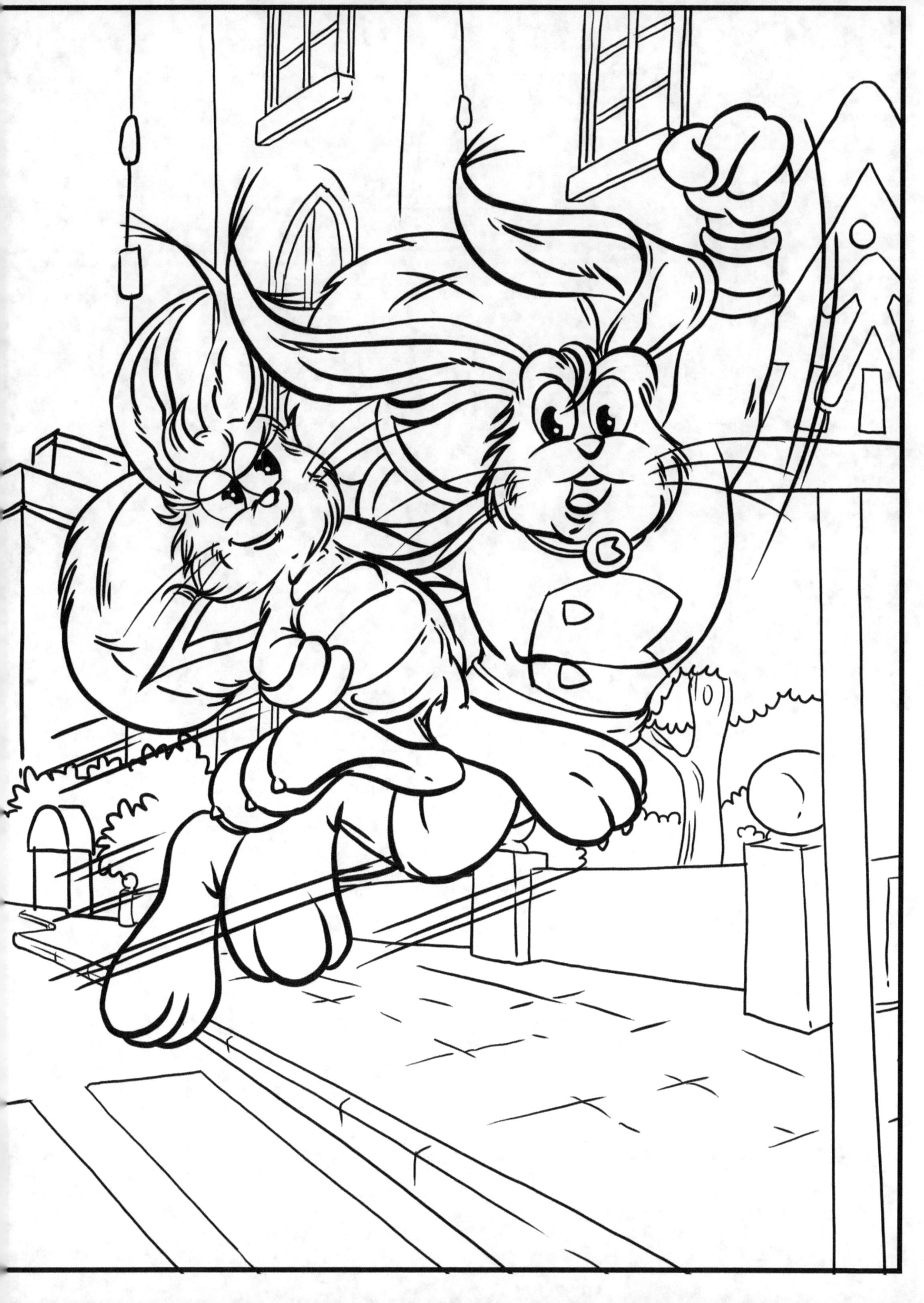

CAPITOLO 3

I MIEI AMICI ANIMALETTI!

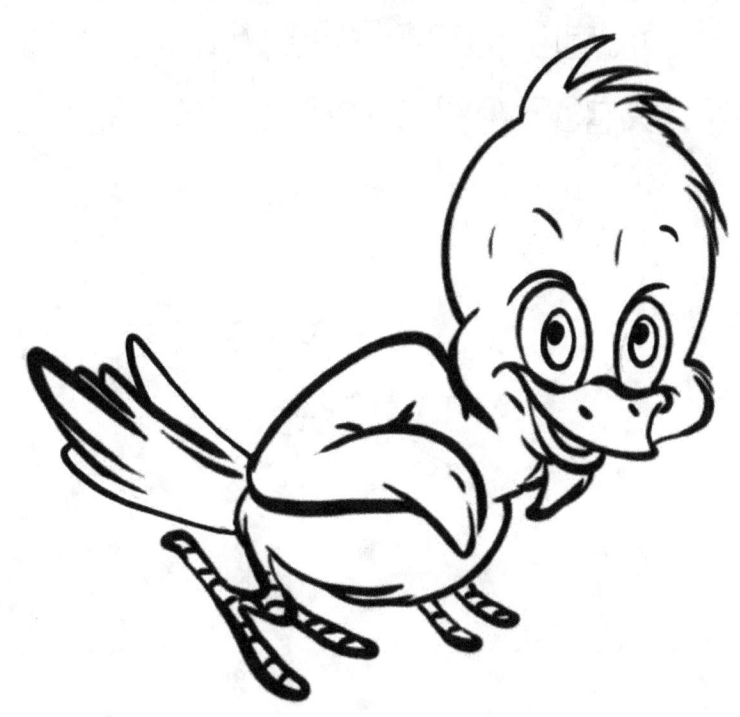

PERO...

...PERO E' IL MIO MIGLIORE AMICO ED E' UN GIGANTESCO SAN BERNARDO, CON LA FORZA DI DIECI CANI!

IL SUO PADRONE E' IL SIGNOR ERNESTO E DI LAVORO FA IL VINAIO.

PER DIVERTIMENTO, FACCIAMO SALTARE LA CORDA ALLE NOSTRE PULCI (SONO UNA FAMIGLIA DI 10), CHE DI SOLITO ABITANO NEL CIUFFO CHE HO SULLA TESTA, MA D'ESTATE VANNO IN VACANZA SU PERO.

SALTANO LA CORDA PER TENERSI IN FORMA.

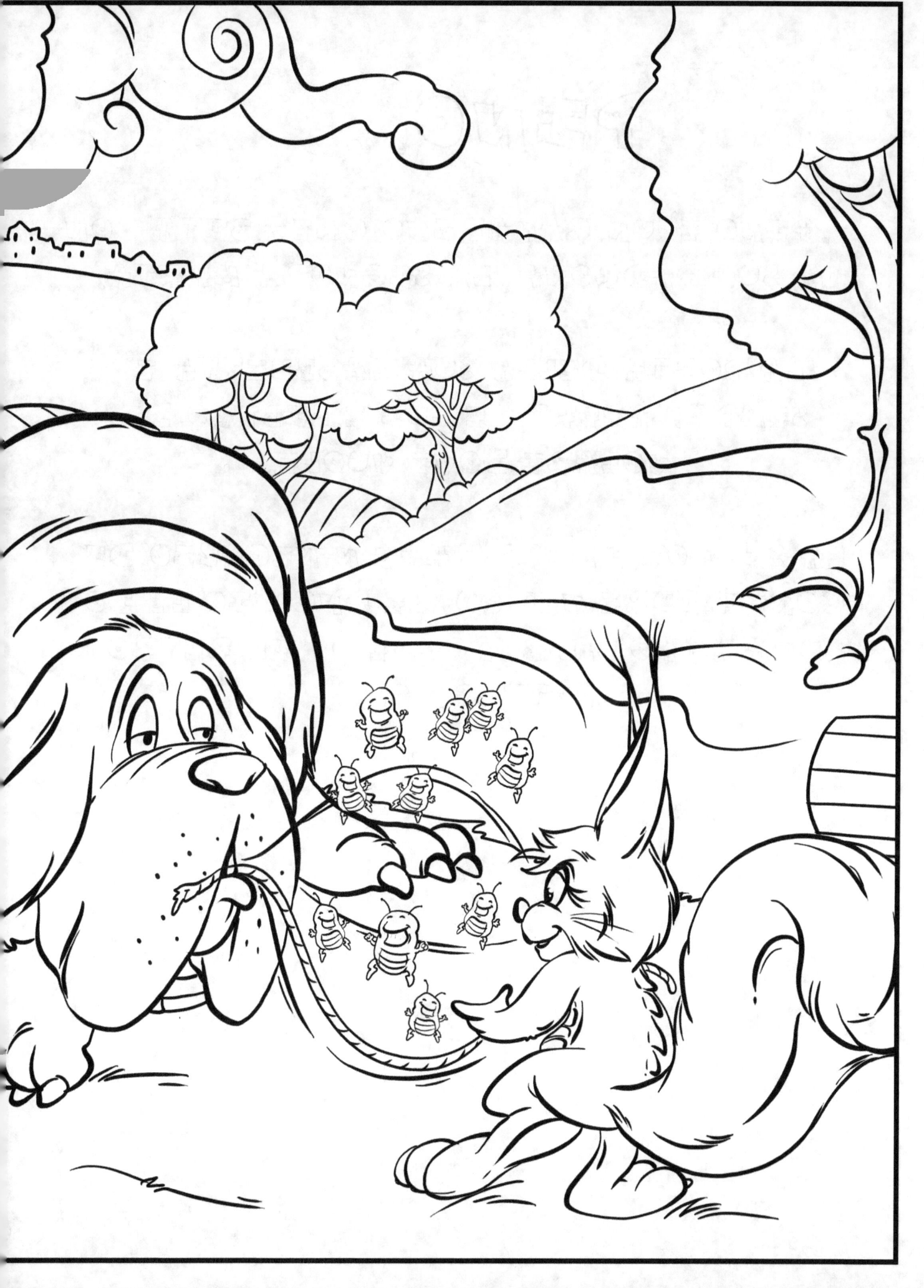

PINO...

...PINO E' UN CANARINO CHE ABITA CON LA SUA PADRONA, LA SIGNORA MARTA.

LA PORTA DELLA SUA GABBIETTA E' SEMPRE APERTA E LUI E LIBERO DI VOLARE DOVE VUOLE.

LA SIGNORA MARTA HA UN NEGOZIO DI CONFETTURE NEL QUALE ANCH'IO LE DO UNA MANO, AL BANCONE O NEL RETRO BOTTOGA O...

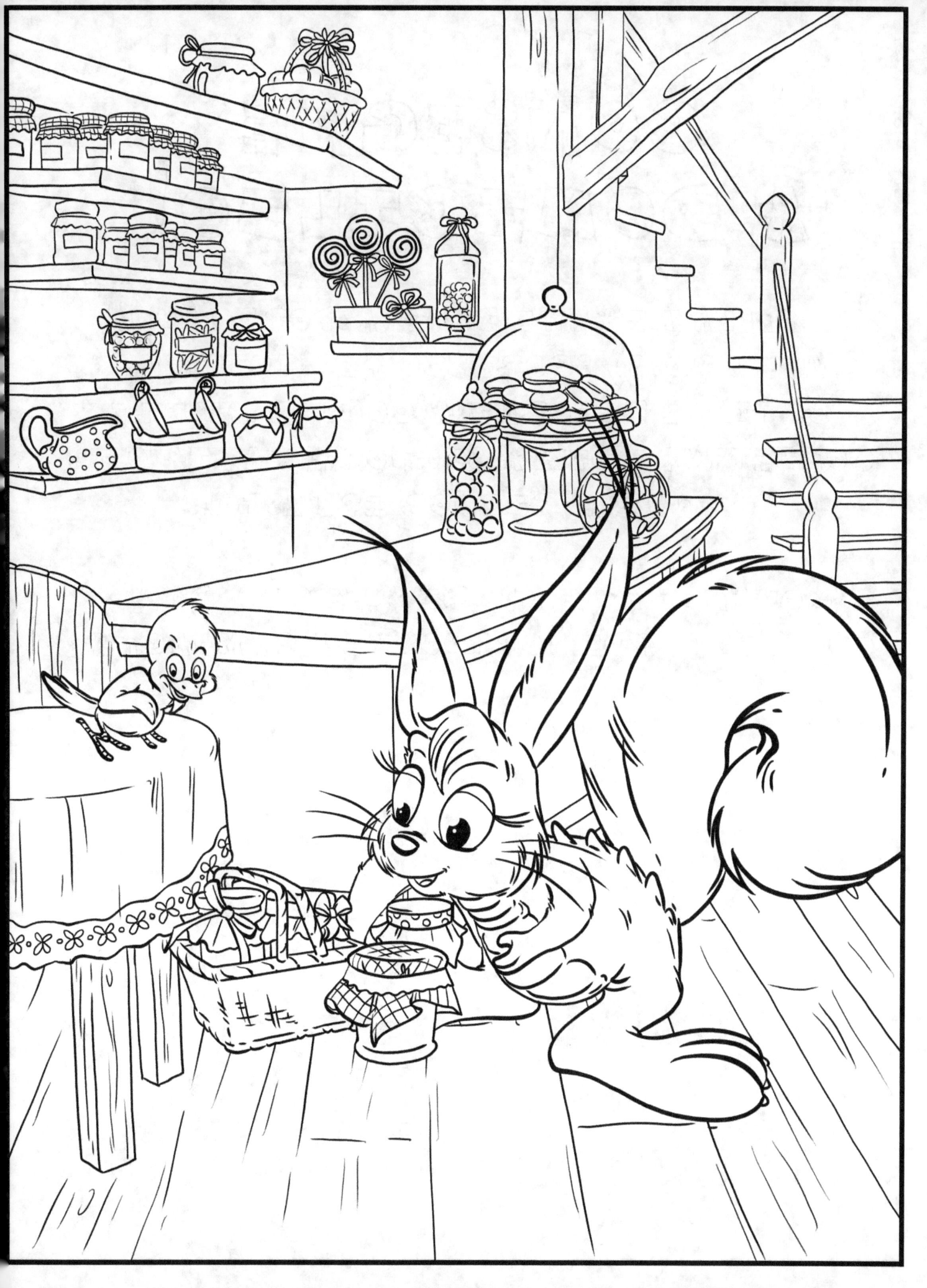

CONSEGNE A DOMICILIO!

CON LA MIA APE DA TRASPORTO (UN' APE CROSS) SCORAZZO PER TUTTA LA CITTA' E DITORNI A CONSEGNARE LE CONFETTURE DELLA SIGNORA MARTA O IL VINO DEL SIGNOR ERNESTO!

QUANTE AVVENTURE SU E GIU' PER QUELLE STRADE TORTUOSE DI CAMPAGNA!

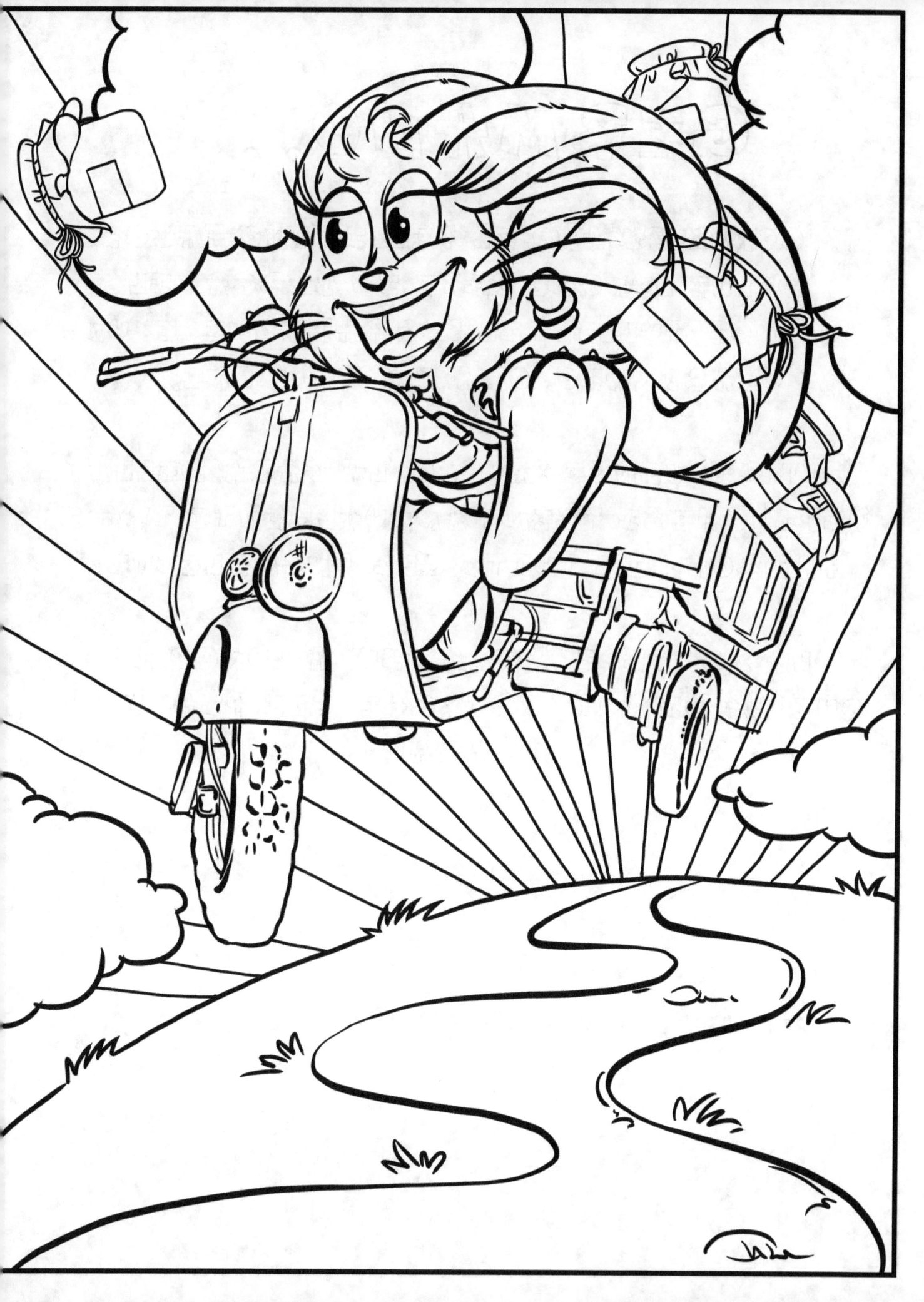

GERMANO...

...CON GERMANO IL PELLICANO FACCIO DELLE LUNGHE GITE IN BARCA. IL SIGNOR TULLIO, IL SUO PADRONE, E' UN MARINAIO, ORA IN PENSIONE.

TULLIO VINCE SEMPRE LA GARA DELLA PIPI' CHE SI TIENE ANNUALMENTE TRA I PADRONI DI TUTTI GLI ANIMALETTI.

LA SUA PIPI' DURA PIU' A LUNGO DI QUELLA DI TUTTI PERCHE' GLI PIACE LA BIRRA!

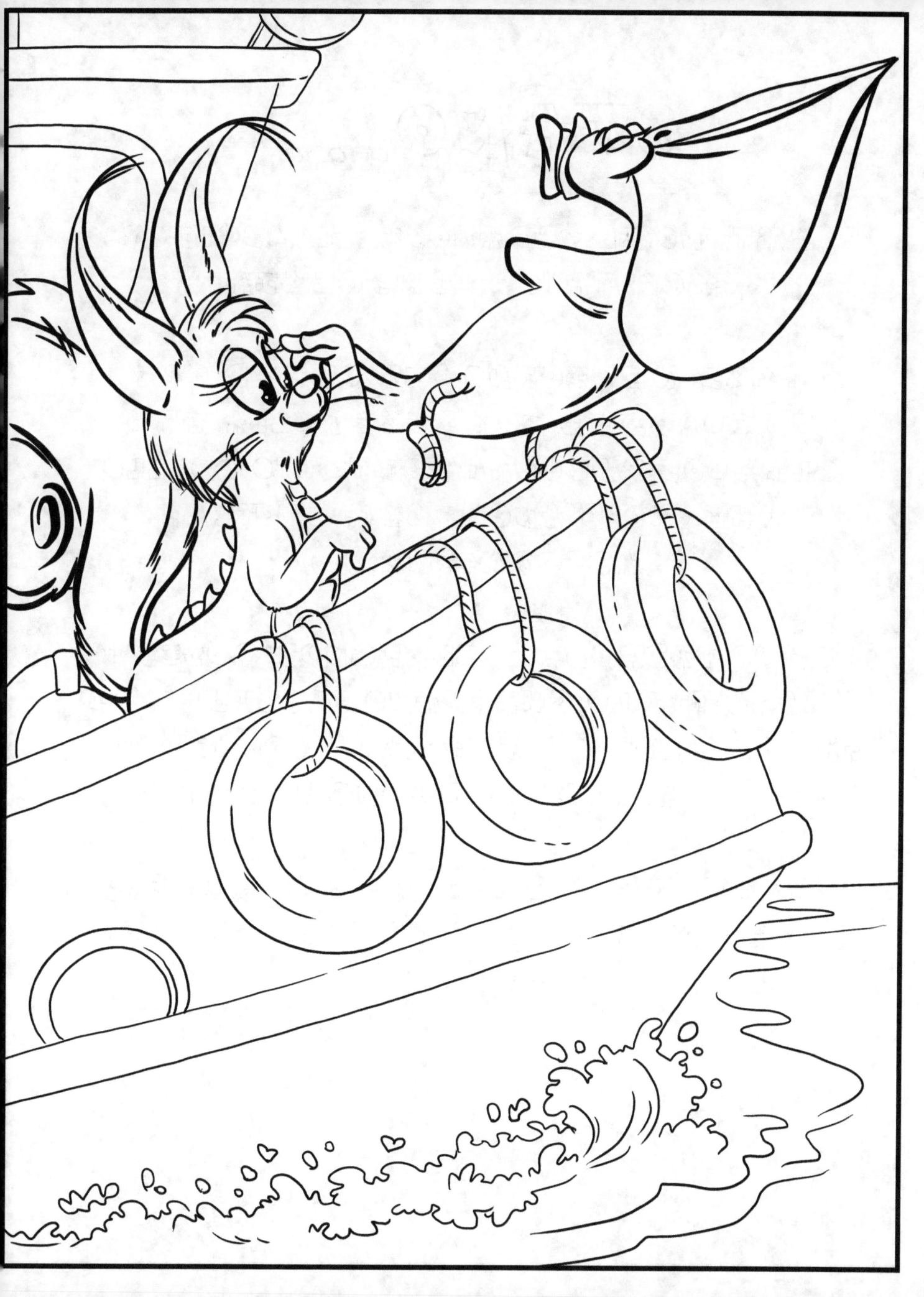

STANO...

...STANO IL VARANO, E' IL MIGLIOR ASCOLTATORE CHE CI SIA.

TI SIEDE VICINO PER ORE ED ORE TI GUARDA E NON DICE NULLA E TU GLI PUOI RACCONTARE TUTTO QUELLO CHE VUOI (ANCHE SE A VOLTE SI ADDORMENTA...)

IL SUO PADRONE E' IL SIGNOR ROBERTO (MA TUTTI LO CHIAMANO BOBBIE) E DI LAVOR FA L'ANESTESISTA (A VOLTE PENSO ABBIA ANESTETIZZATO ANCHE STANO...)

STANO, PER DIRE SI' AGITA LA CODA E PER DIRE NO LA SBATTACCHIA PER TERRA.

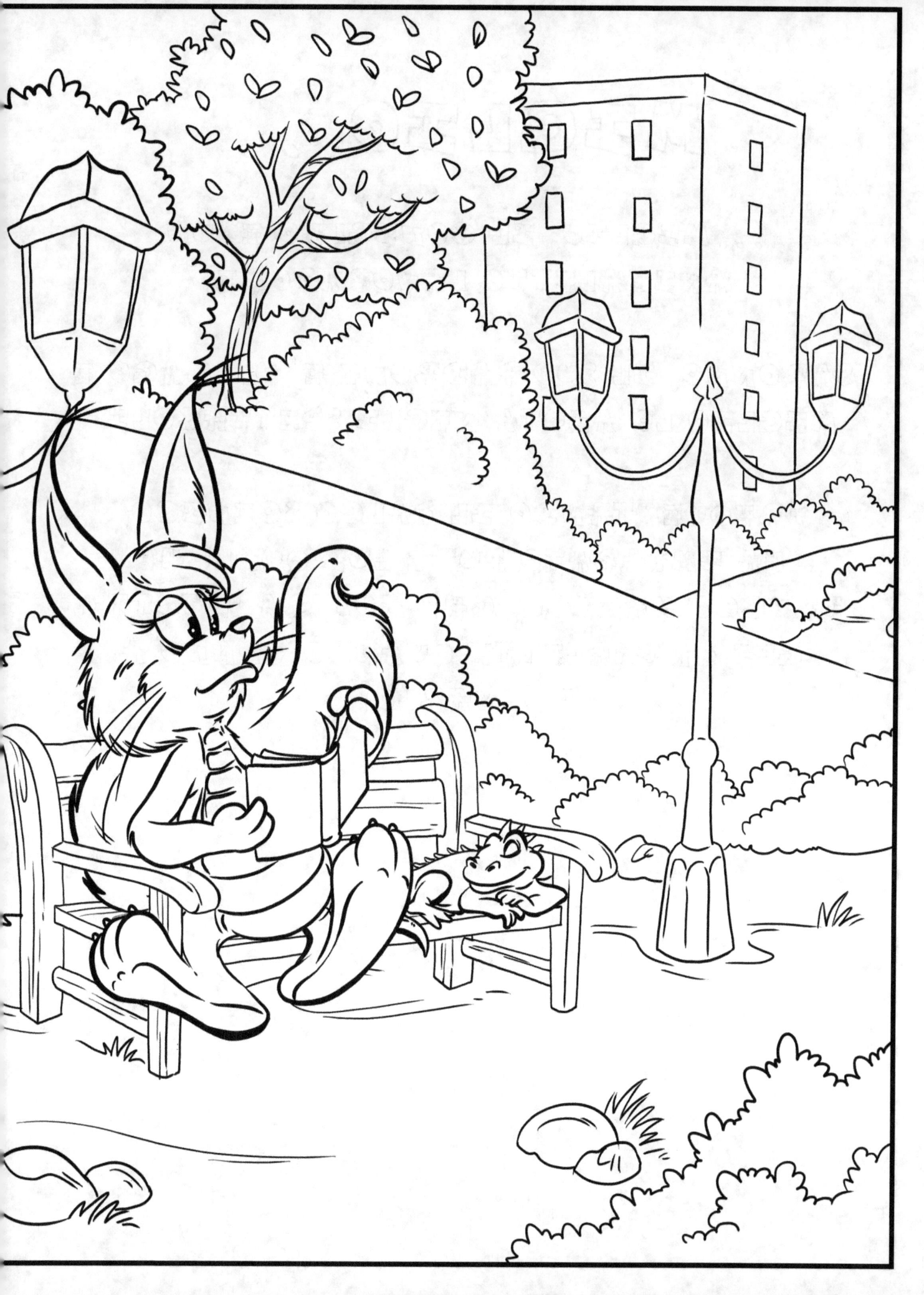

MIGLIO...

...MIGLIO, IL CONIGLIO E' UN ANIMALETTO LAVORATORE.

SARONNO, IL SUO PADRONE E' UN MAGO E MIGLIO LO AIUTA NEGLI SPETTACOLI.

FREQUENTANDO IL PALCO SCENICO, HA IMPARATO PURE LUI QUALCHE TRUCCO MAGICO, CHE MOSTRA A TUTTI GLI ANIMALETTI QUANDO VANNO A TROVARLO!

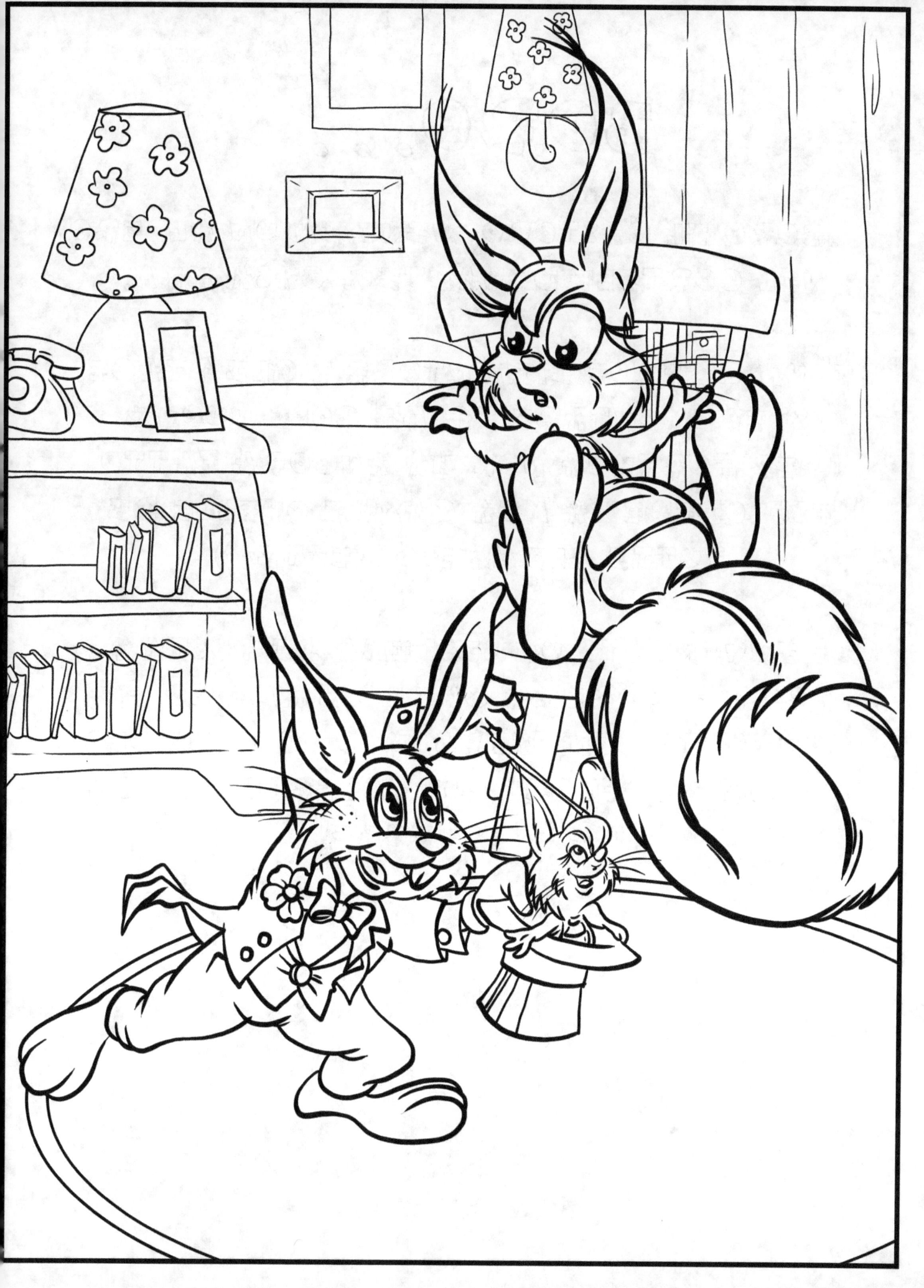

BORO...

...BORO IL CASTORO, VIVE IN UN ALBERO NEL CORTILE DAVANTI A CASA MIA.

E' UN GRANDE INVENTORE E GLI PIACE SPERIMENTARE TANTE COSE NUOVE (PER FORTUNA NON HA ANCORA FATTO ESPLODERE LA MIA CASA E QUELLE DI TUTTI GLI ANIMALETTI!)

HA INVENTATO UN SISTEMA DI POSTA AD ARIA COMPRESSA CHE LO HA MESSO IN CONTATTO CON JAMES, UNO SCOIATTOLO LONDINESE, ANCHE LUI ESPERTO IN COSE SCIENTIFICHE!

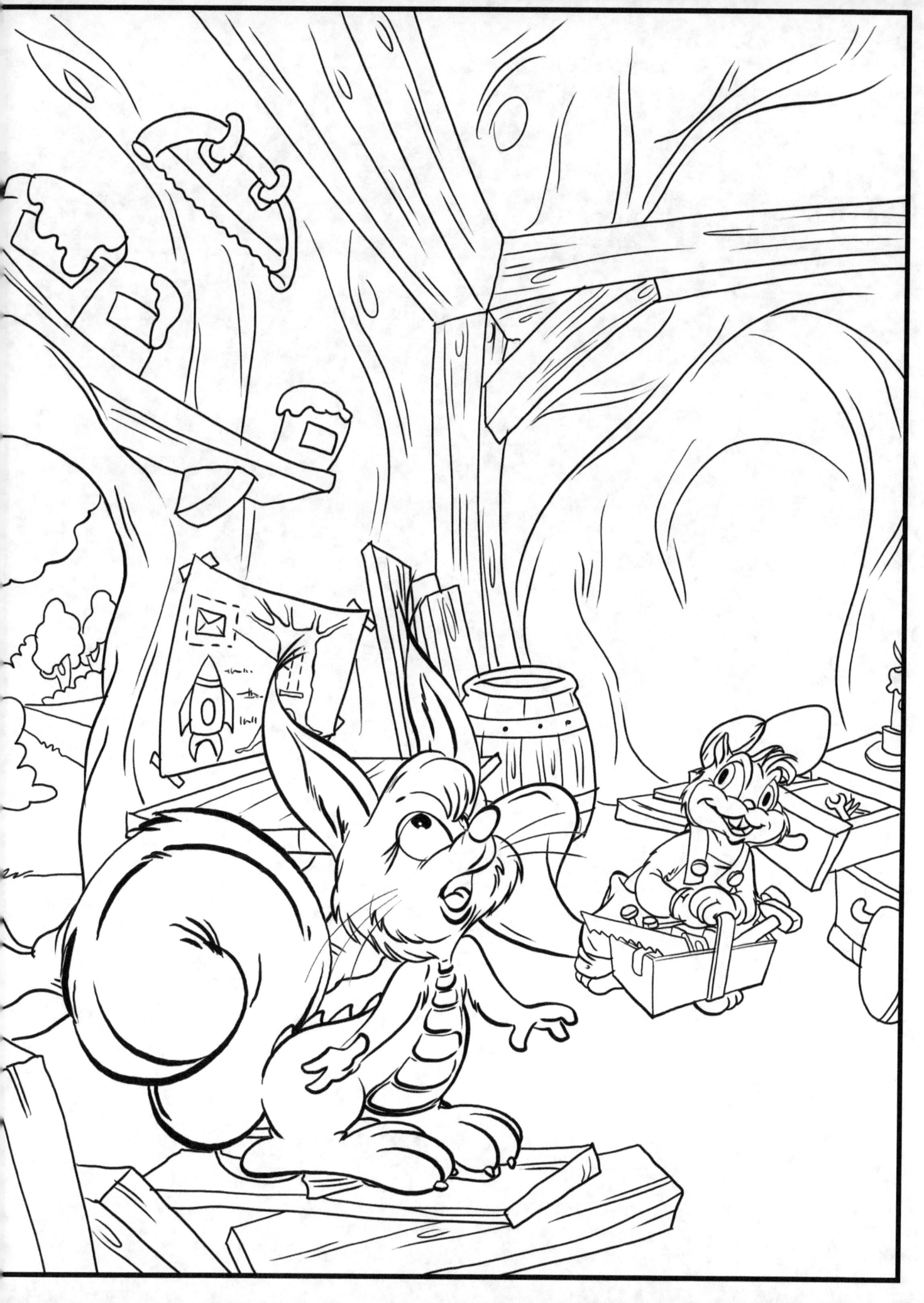

CAPITOLO 4

LA MIA VITA!

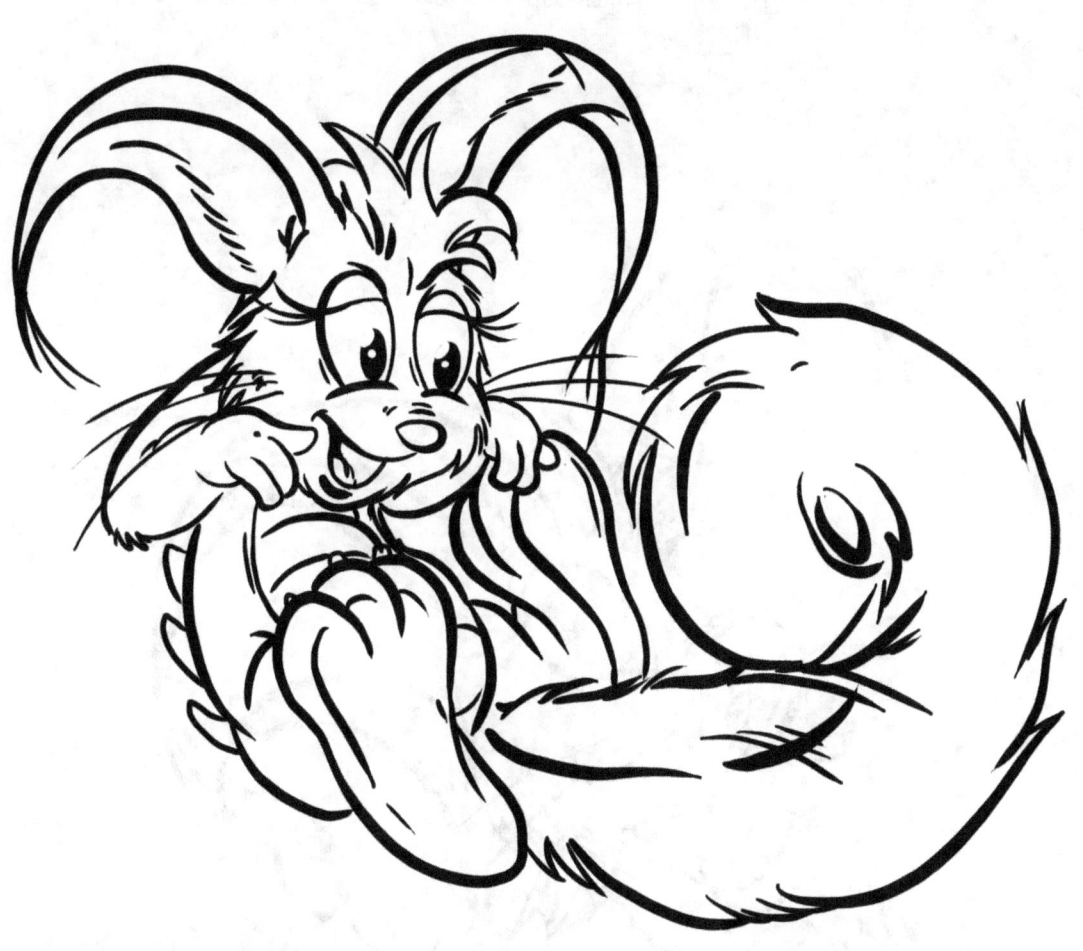

IL MIO SOGNO NEL CASSETTO!

HOT DOG!
HOT DOG!

E ANCORA HOT DOG!

UNA MONTAGNA DI HOT DOG!

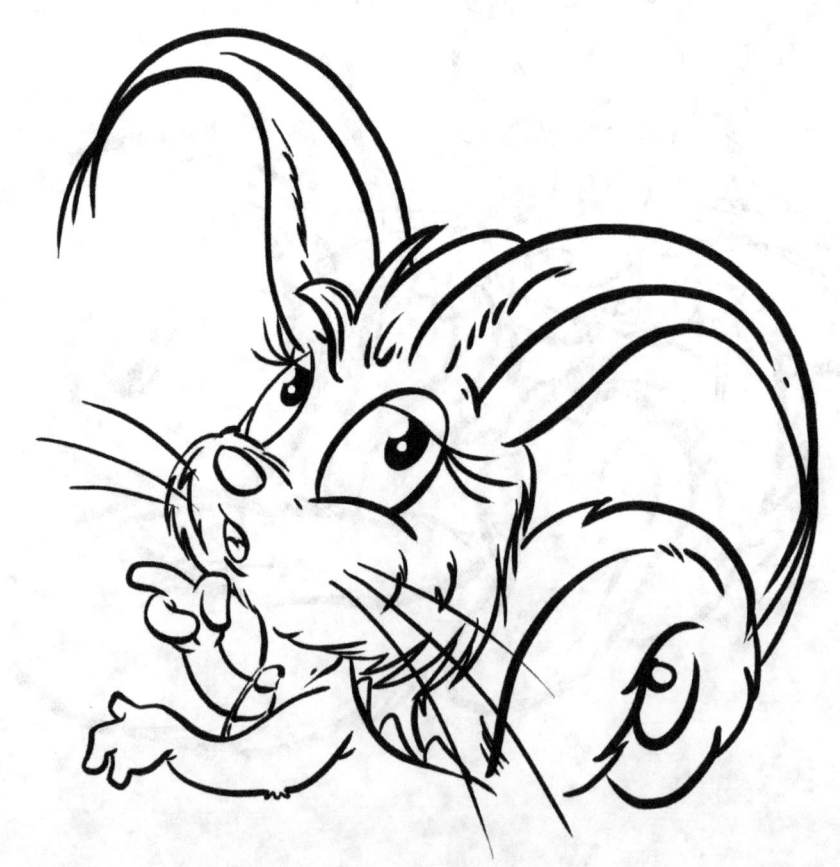

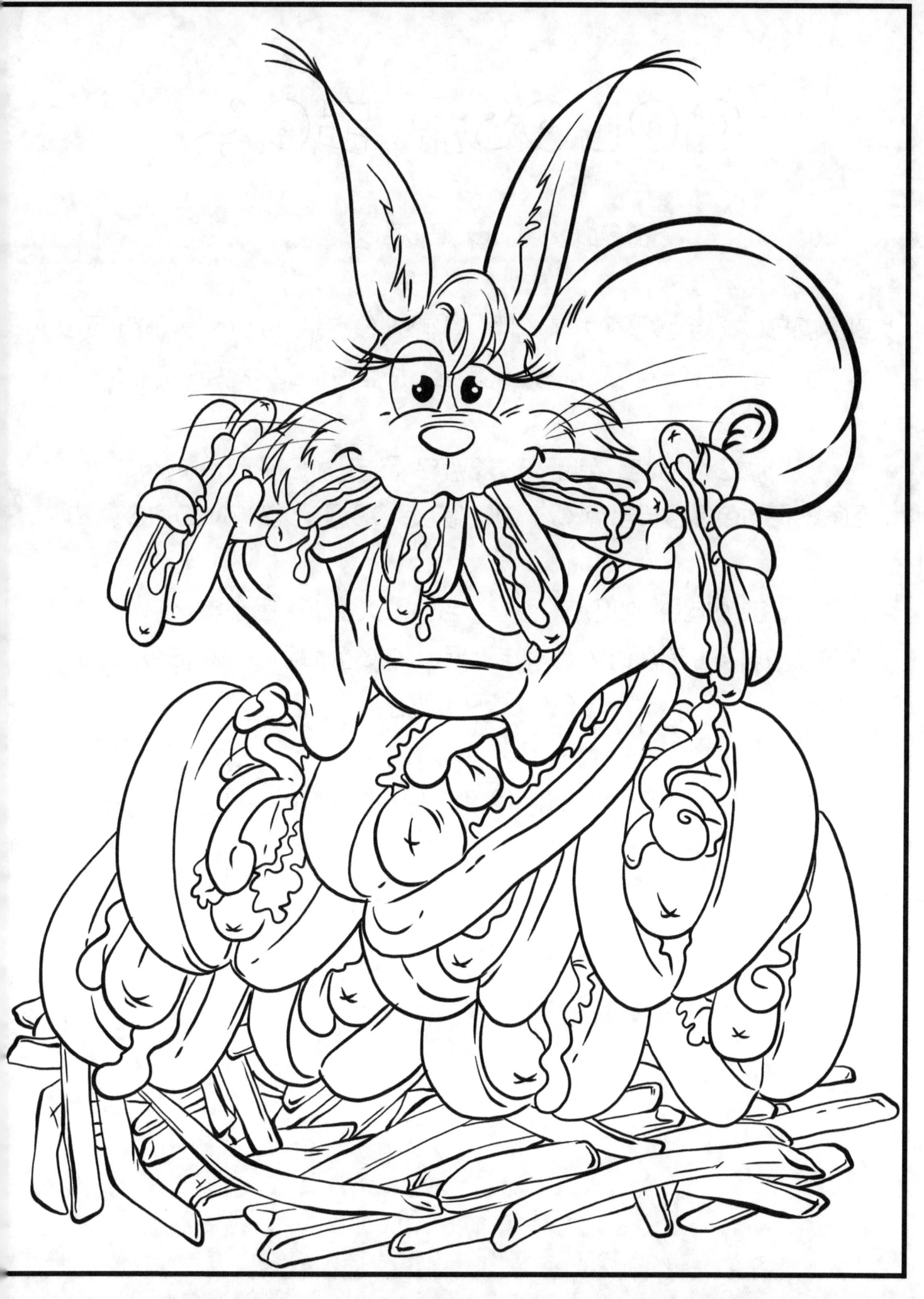

GOLOSA IO?

NON SONO GOLOSA!

IL MIO PADRONE HA MESSO IL LUCCHETTO AL FRIGO, MA NON E' NECESSARIO...

...NON MI ALZO MAI DI NOTTE PER SGRANOCCHIARE QUALCOSA DI BUONO...

...E NEPPURE C'E' BISOGNO CHE SIA SORVEGLIATA A VISTA QUANDO SONO IN CUCINA...

...NON SONO GOLOSA!

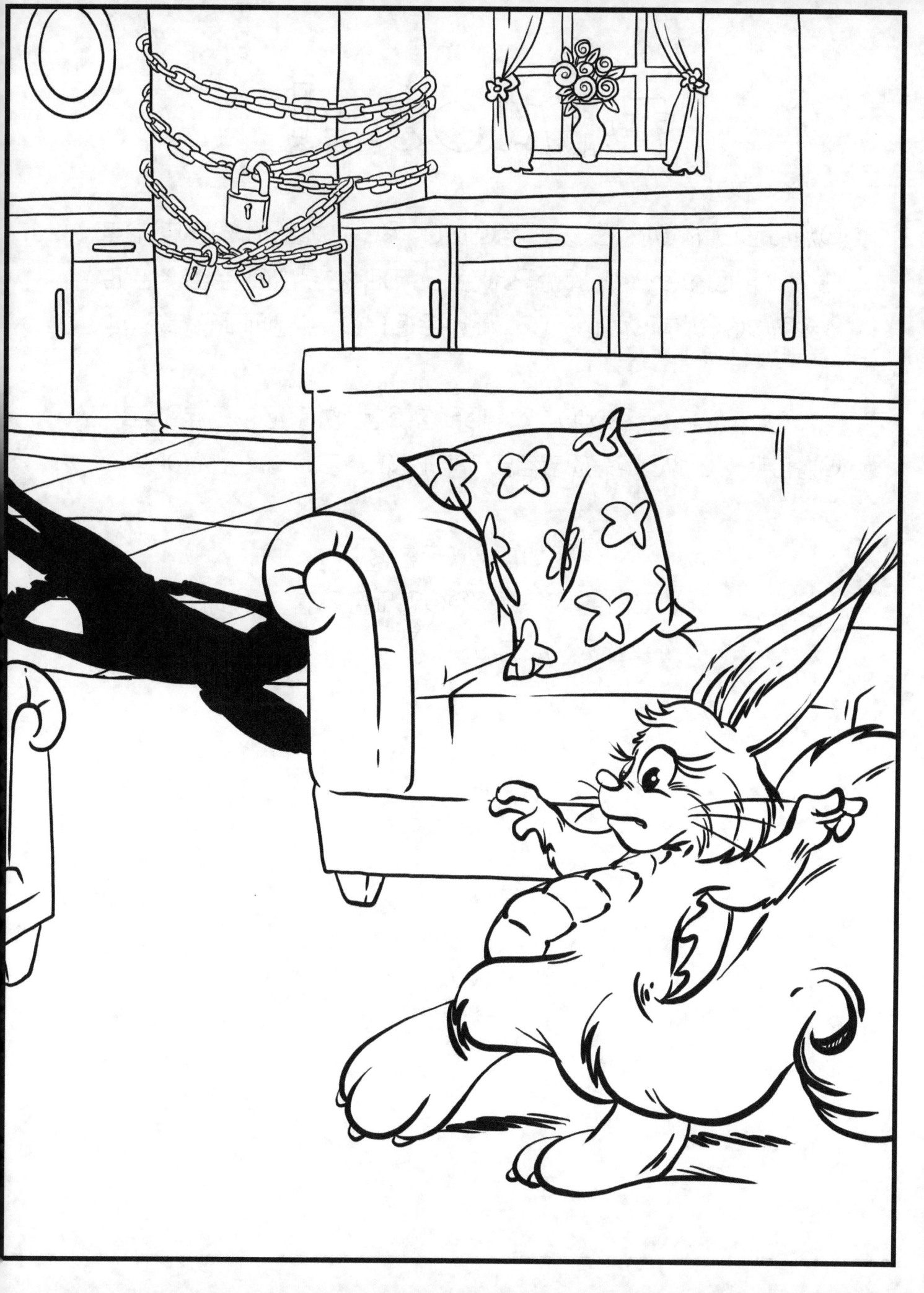

FAMOSA!

QUANDO NON CONSEGNO CONFETTURE PER LA SIGNORA MARTA O IL VINO PER IL SIGNOR ERNESTO, FACCIO L'ATTRICE!

NON MI CREDERESTE SE VI DICESSI QUALI SONO I MIEI FILM PIU' FAMOSI...

"CUMPUTER!
BESTY DA TELETRASPORTARE...IN SALA MENSA!"

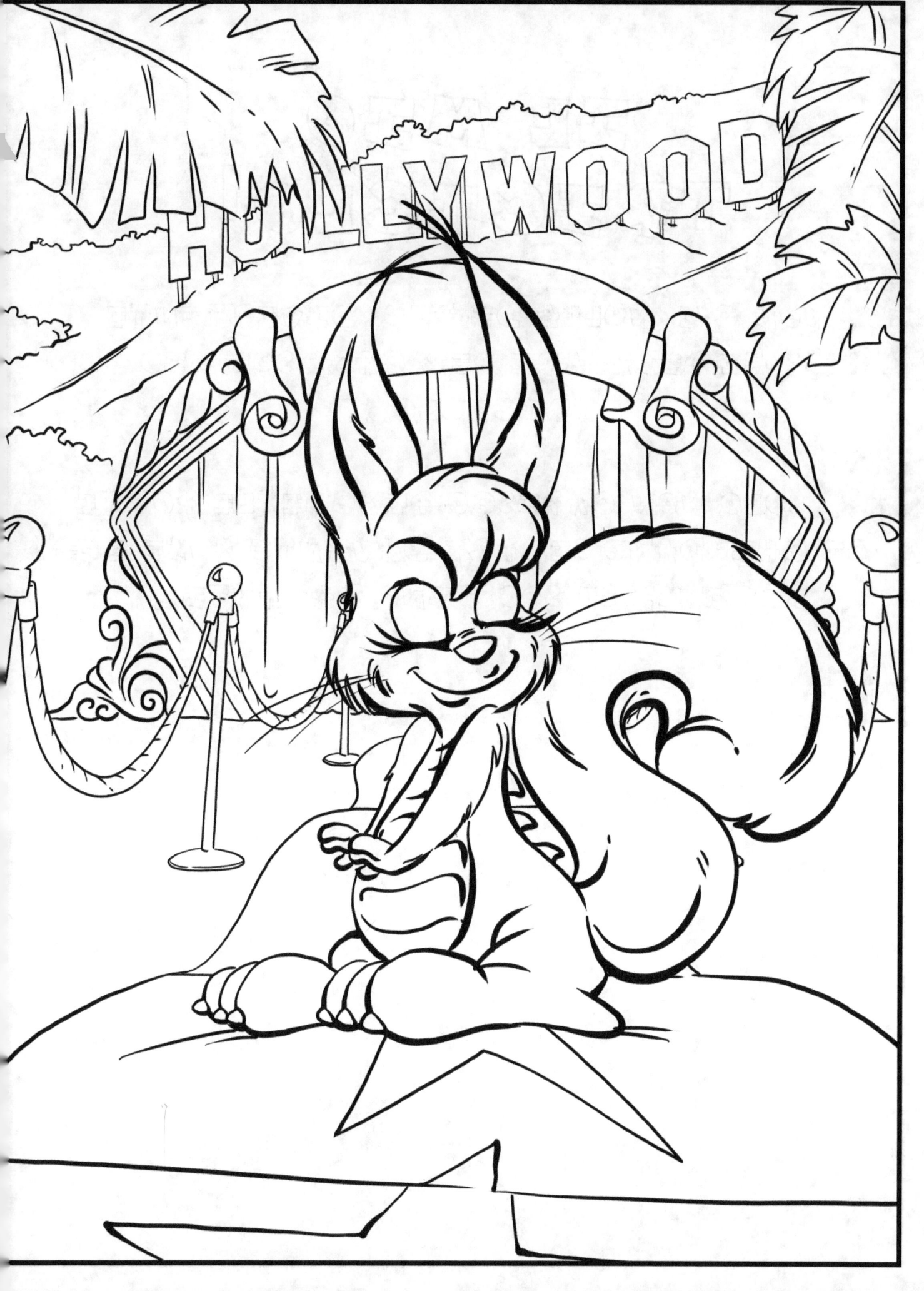

IL MIO TRICICLO!

NON C'E' NULLA DI PIU' DIVERTENTE CHE PEDALARE PER CASA SUL MIO TRICICLO...

...SOLO NON CAPISCO PERCHE' LE PORTE SI CHIUDANO SEMPRE DAVANTI A ME E I MURI MI SI SPOSTINO DAVANTI...

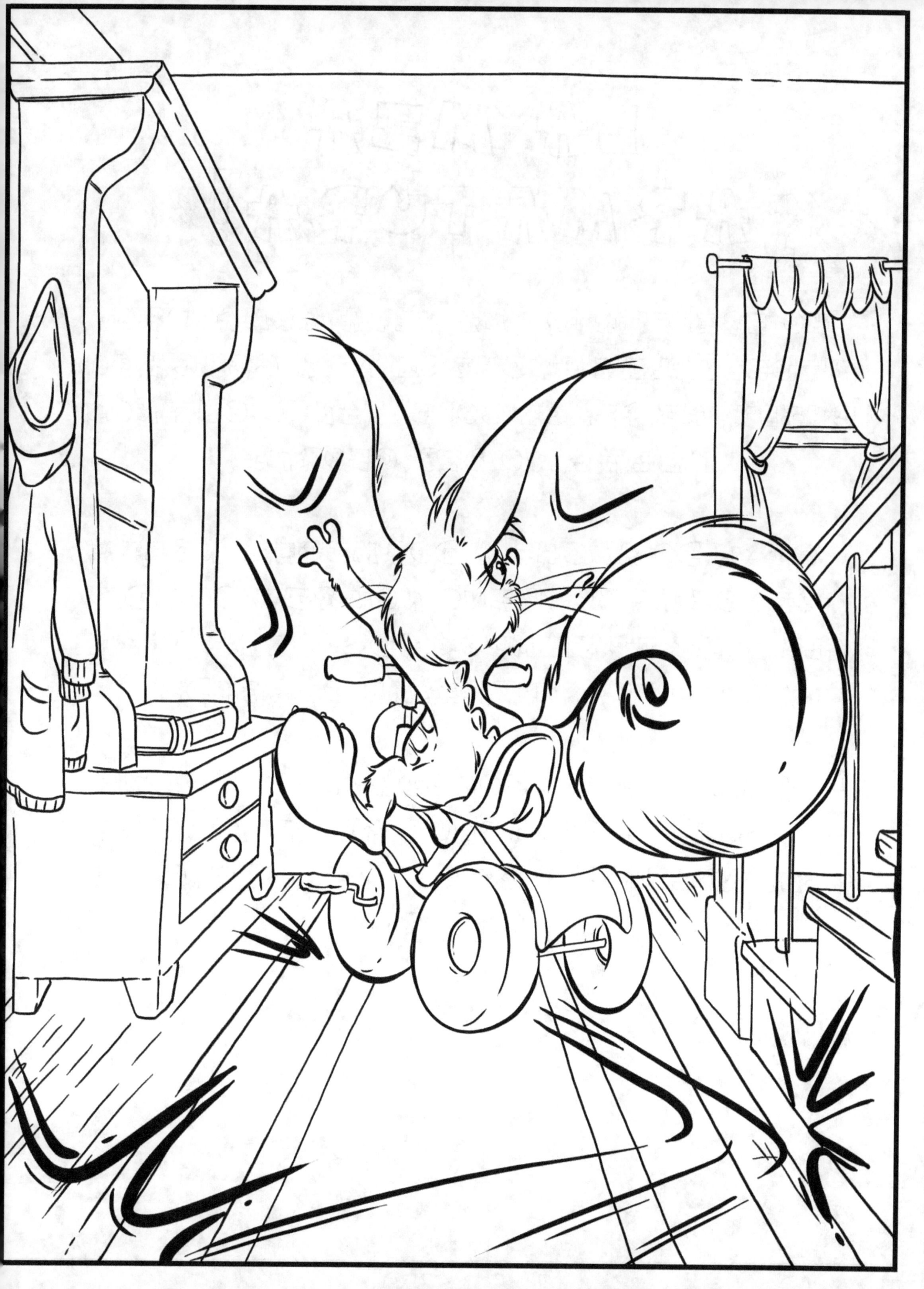

LA MIA ARMATURA!

HO EREDITATO UNA VERA ARMATURA MEDIEVALE E ANCHE SE PESA CIRCA 40 CHILI, MI PIACE COSI' TANTO CHE NON ME LA LEVO PER GIORNI.

CI VADO ANCHE A DORMIRE, ANCHE SE POI AL MATTINO NON RIESCO AD ALZARMI ED IL MIO PADRONE MI DEVE AIUTARE A METTERMI IN PIEDI.

LO AMMETTO, E' SCOMODA A COLAZIONE. LA VISIERA CONTINUA AD ABBASSARSI OGNI VOLTA CHE CERCO DI ADDENTARE UN BISCOTTO!

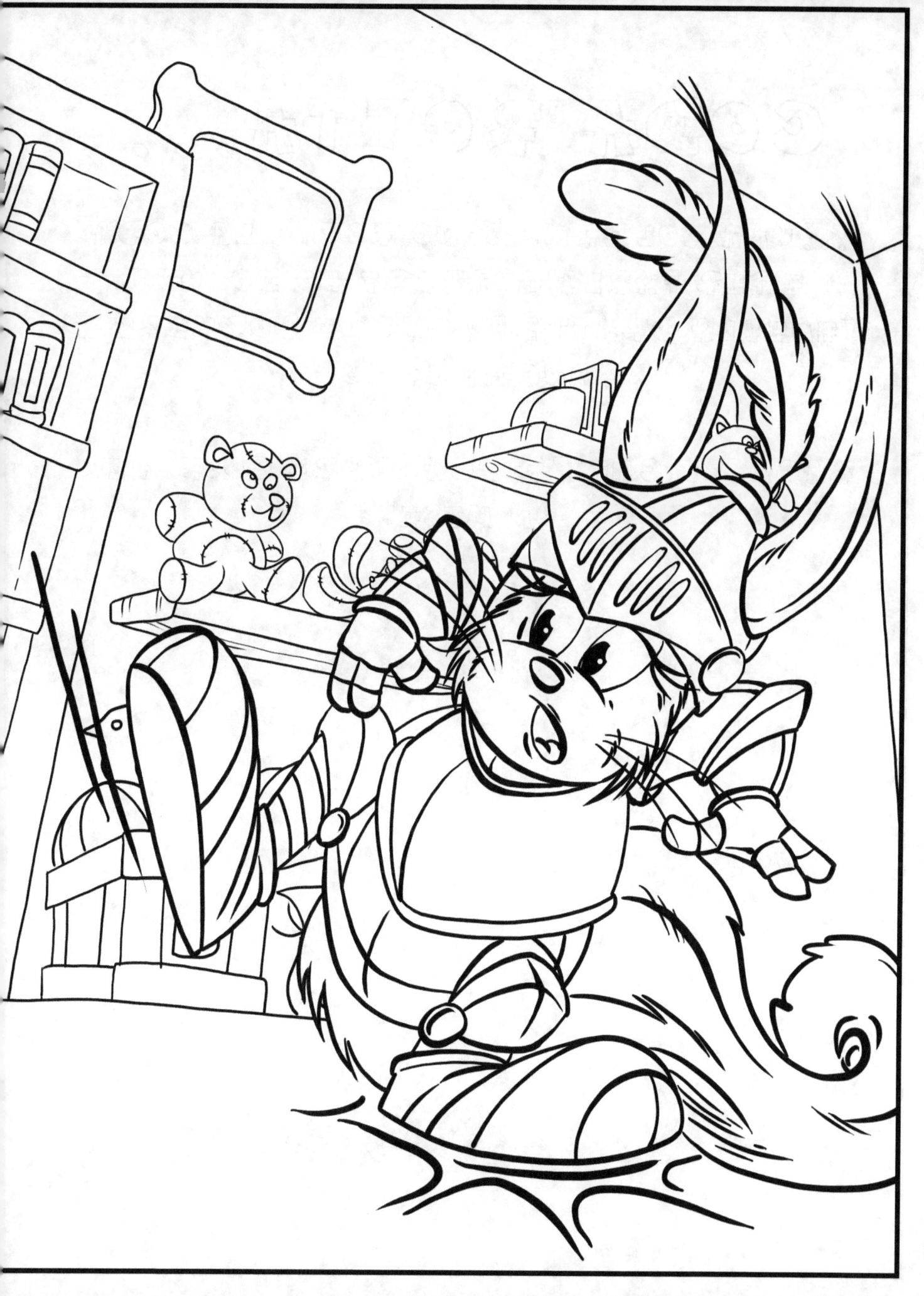

CODA ROTTA...

...UNA VOLTA MI SONO ROTTA LA CODA E PER FARLA GUARIRE HO DOVUTO TENERLA DRITTA DRITTA E DORMIRE A PANCIA IN SU!

RAGAZZI CHE FATICA STARE COSI' PER UN MESE!

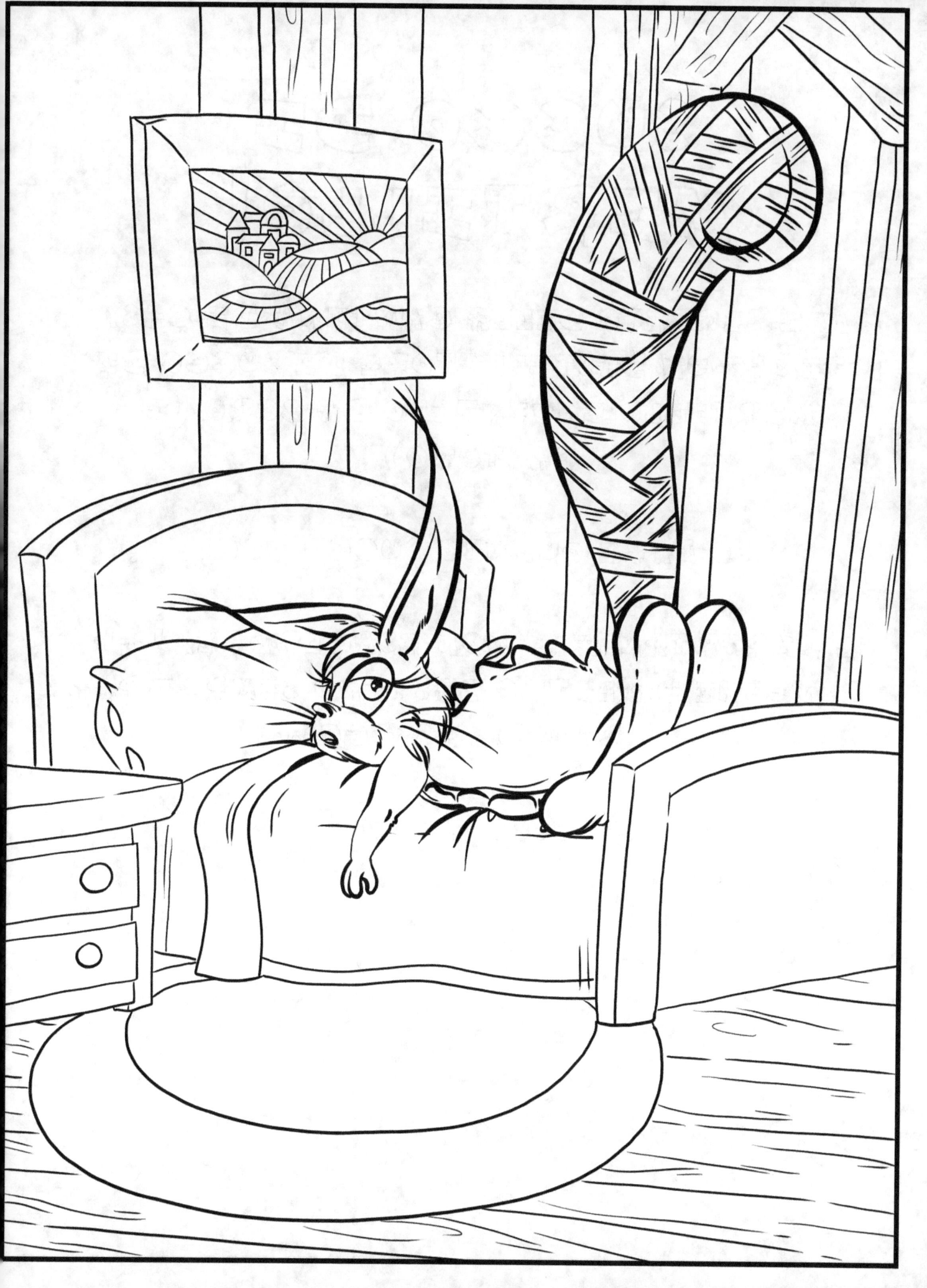

SUCCO DI MIRTILLO!

NEL SEGRETO DELLA CANTINA DI CASA TENGO UN DISTILLATORE DI SUCCO DI MIRTILLO INVENTATO DA BORO (IL CASTORO).

POSSO FARE QUANTO SUCCO VOGLIO!

L'IMPORTANTE E' NON ESAGERARE. 10-15 TANICHE DA LITRO BASTANO SEMPRE PER UN RAPIDO ASSAGGIO.

E' COSI' BUONO!

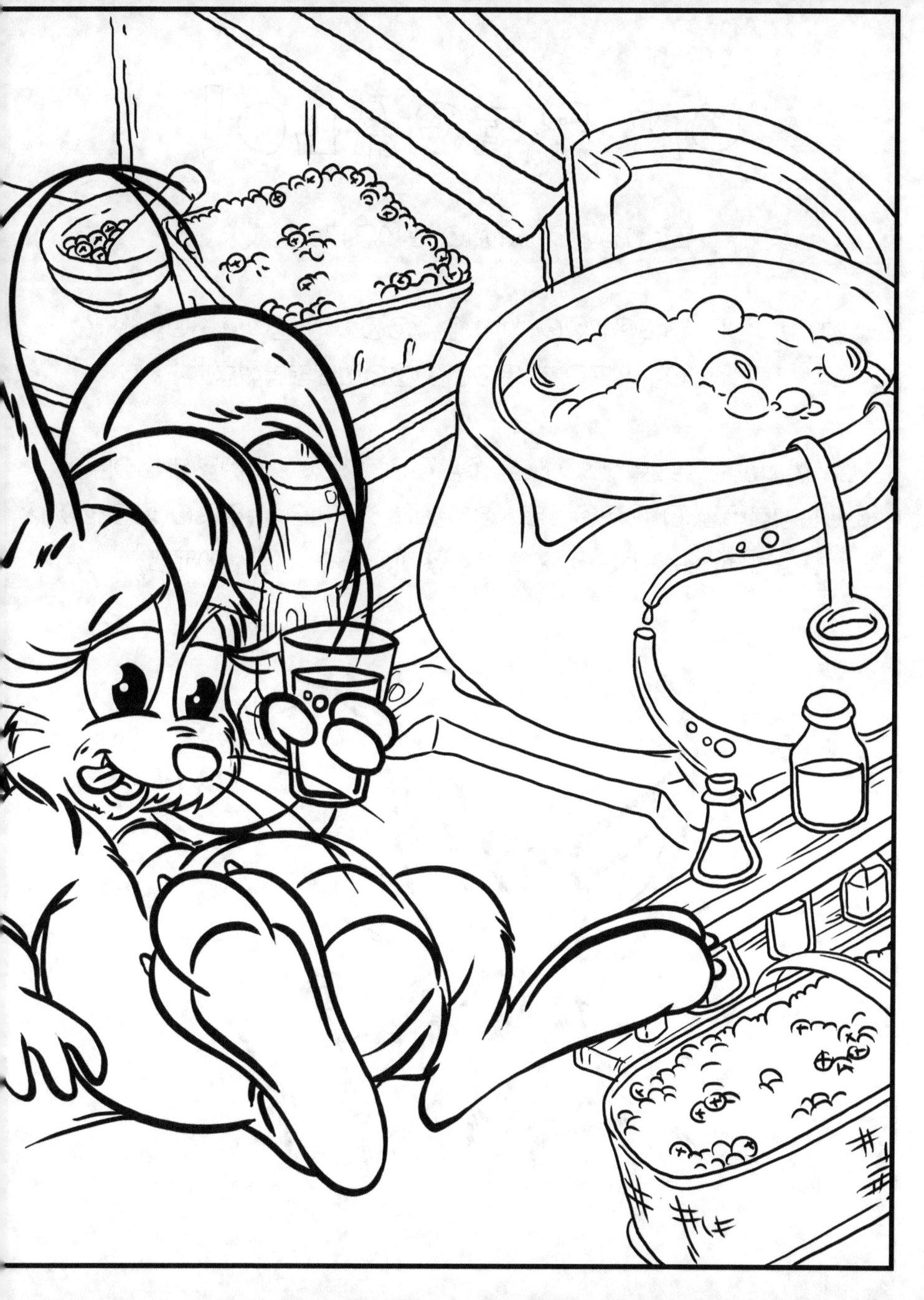

UN REGALO!

E' VERO SONO CURIOSA!

QUANDO RICEVO UN PACCO DEVO SUBITO SCOPRIRE COSA CONTIENE!

E' UNA DELUSIONE, PERO', TROVARE SOLO POLVERE O COCCI, QUANDO LO APRO DOPO AVERLO SCOSSO PER 15-20 MINUTI!

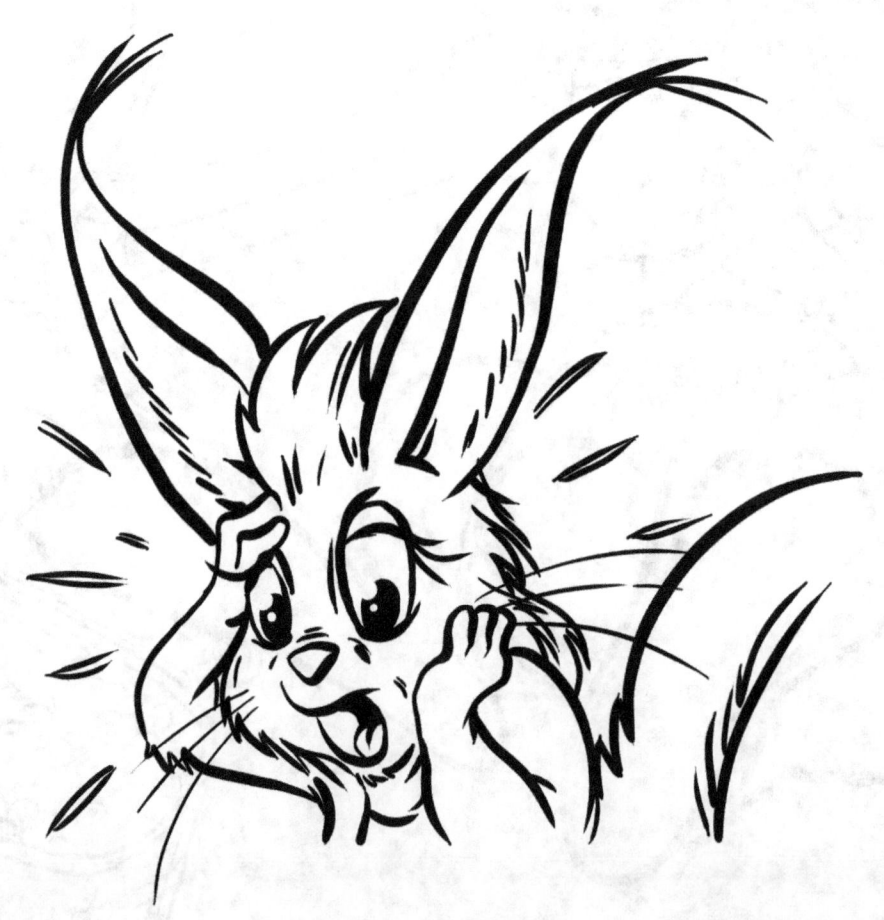

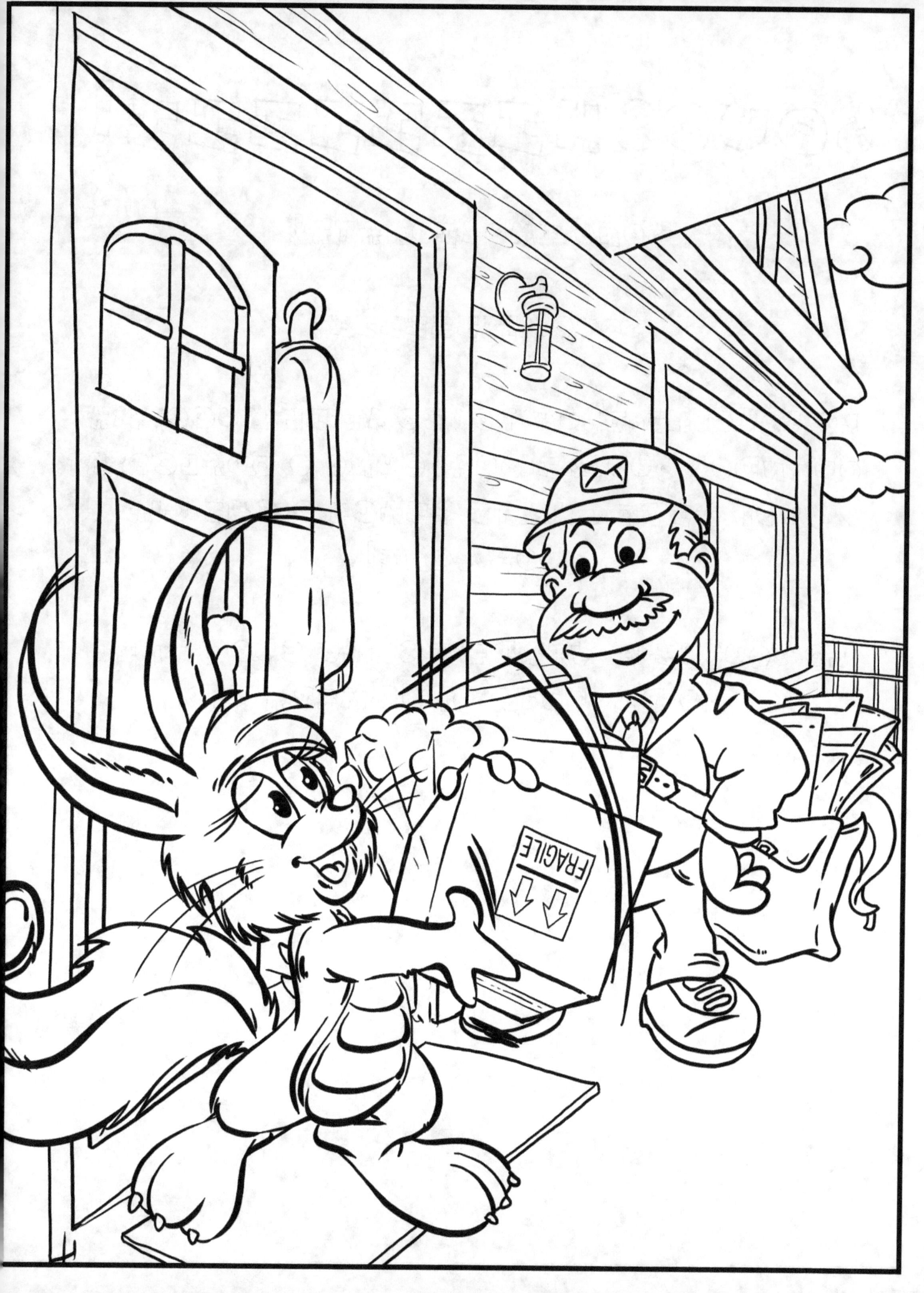

SQUOSHIIIIIII!

SONO EMOZIONATA!

SQUOSHIIIIIII!

LO SQUOSHI E' UN PO' COME IL MUCO, MA QUANDO SQUOSHI QUALCUNO O QUALCOSA VUOL DIRE CHE TI PIACE O CHE GLI VUOI BENE!

LO SQUSHI E' VERDE E SE LO CUOCI NEL FORNO DIVENTA UNO SMERARLDO!

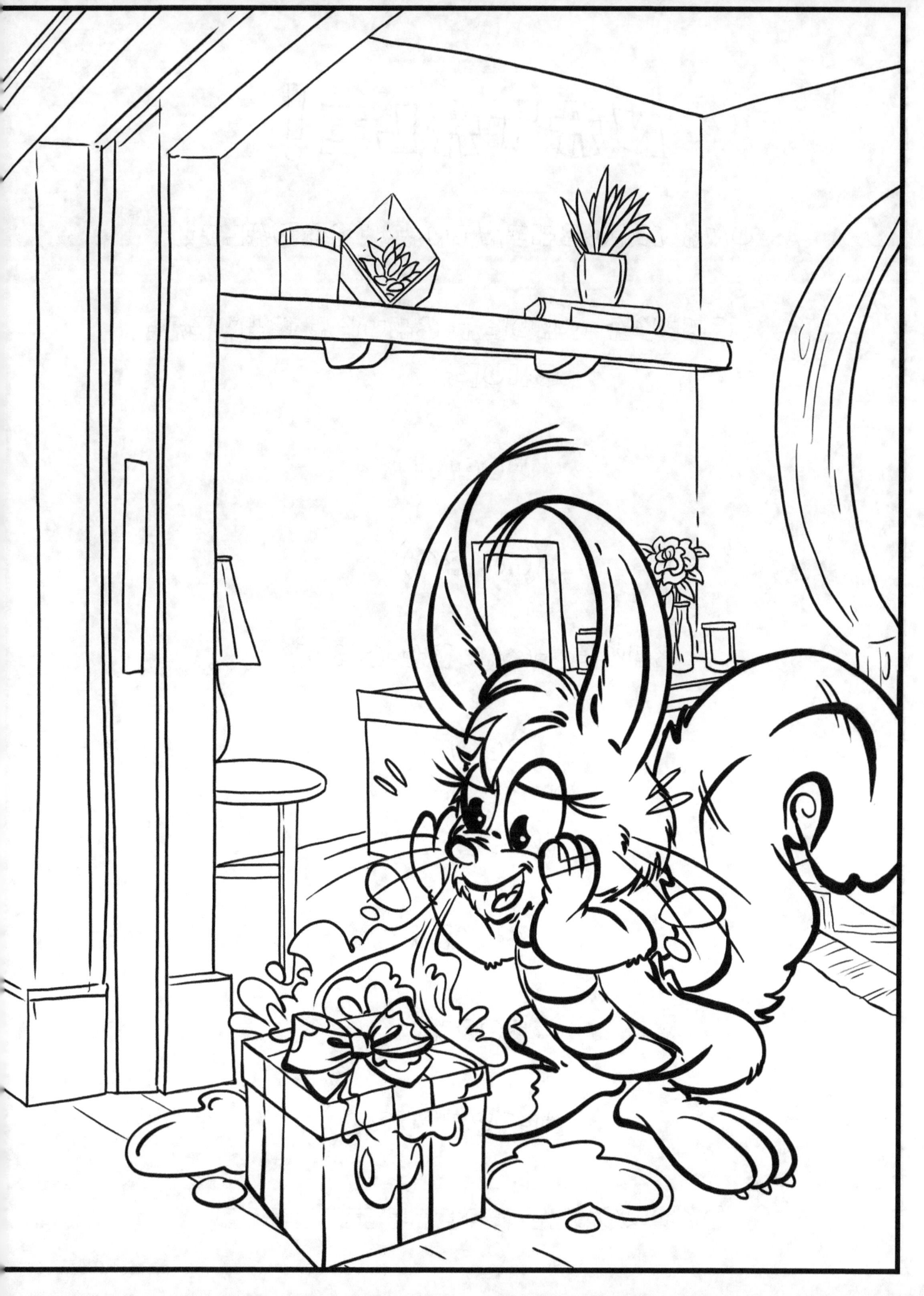

NATALE!

UNA MACCHININA A PEDALI!

...CHUKA-CHUKA-CHUKA-CHUKA-CHUKA...

BOOM!

(MURO)

...CHUKA-CHUKA-CHUKA...

BOOM!

(PORTA)

...CHUKA...

BOOM!

(CALORIFERO)

PADRONEEEEEEEEEEEEEEEE!

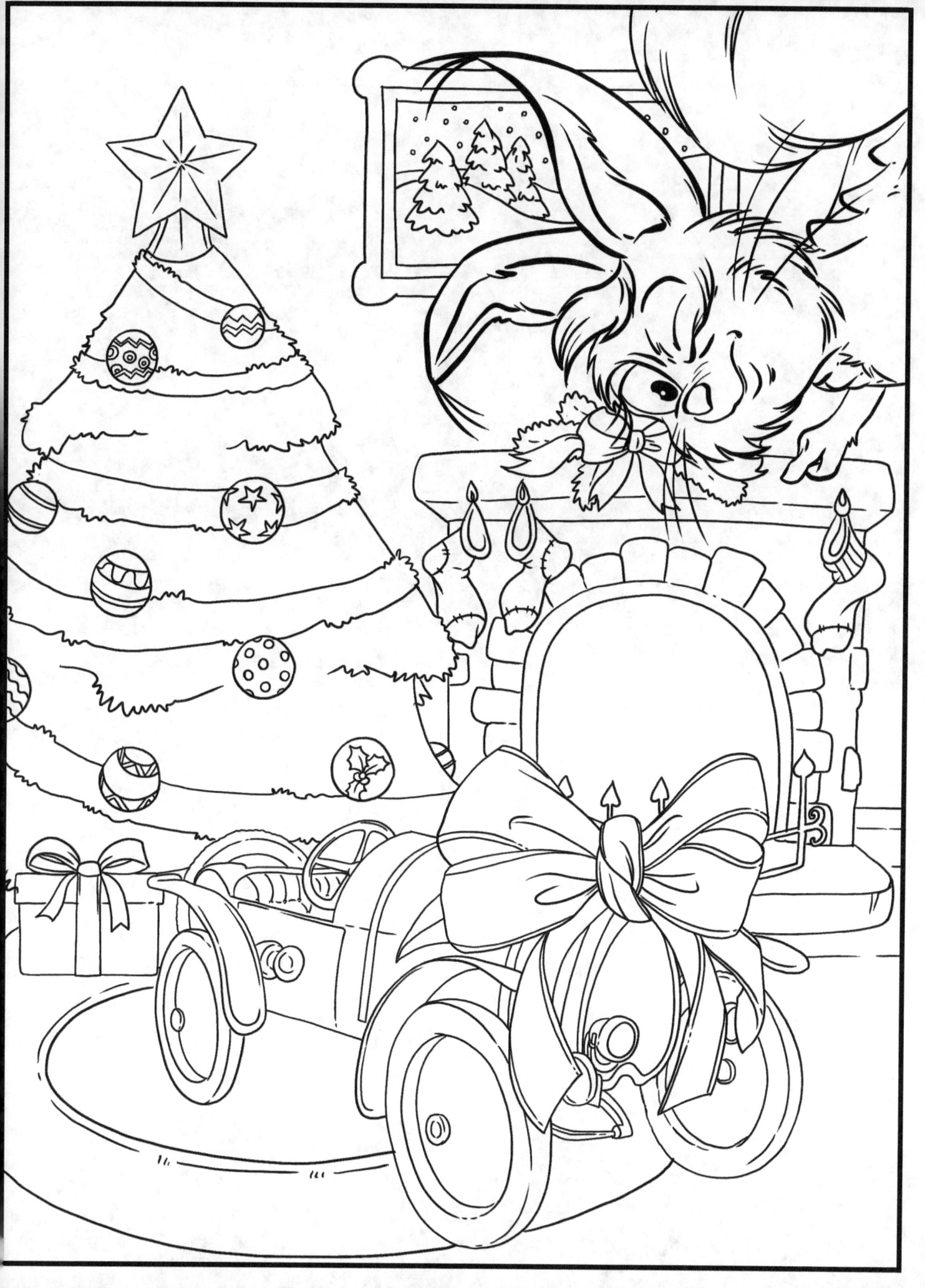

CAPITOLO 5

I MIEI NUOVI AMICI!

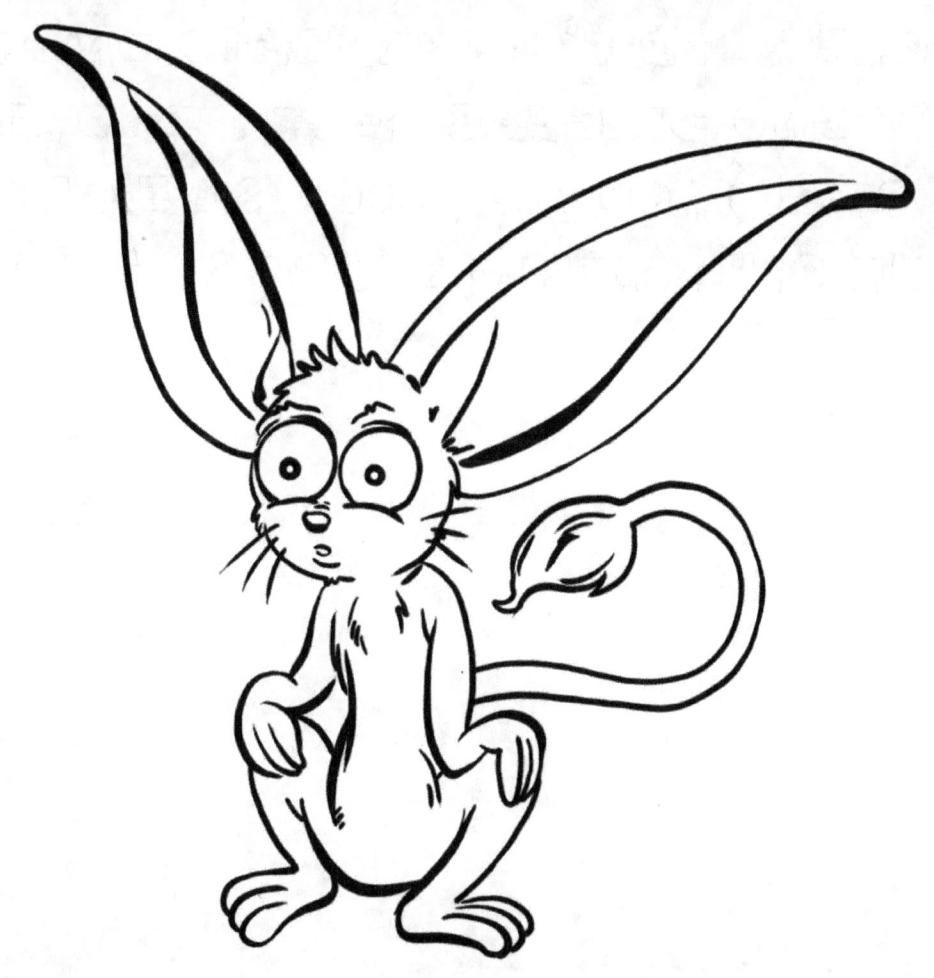

DANTE...

...HO TROVATO DANTE NEL WATER DOPO L'ULTIMA ALLUVIONE.

NON SONO SICURA DI COSA SIA (COSI' L'HO CHIAMATO "DANTE IL MUTANTE"), MA NON IMPORTA.

ADESSO VIVE CON ME NELLA MIA CAMERETTA ED E' DIVENTATO UN FEDELE COMPAGNO DI GIOCHI (E DI SORTITE AL FRIGO), QUANDO NON SI FA DELLE LUNGHE GITE NELLO SCARICO DI CASA!

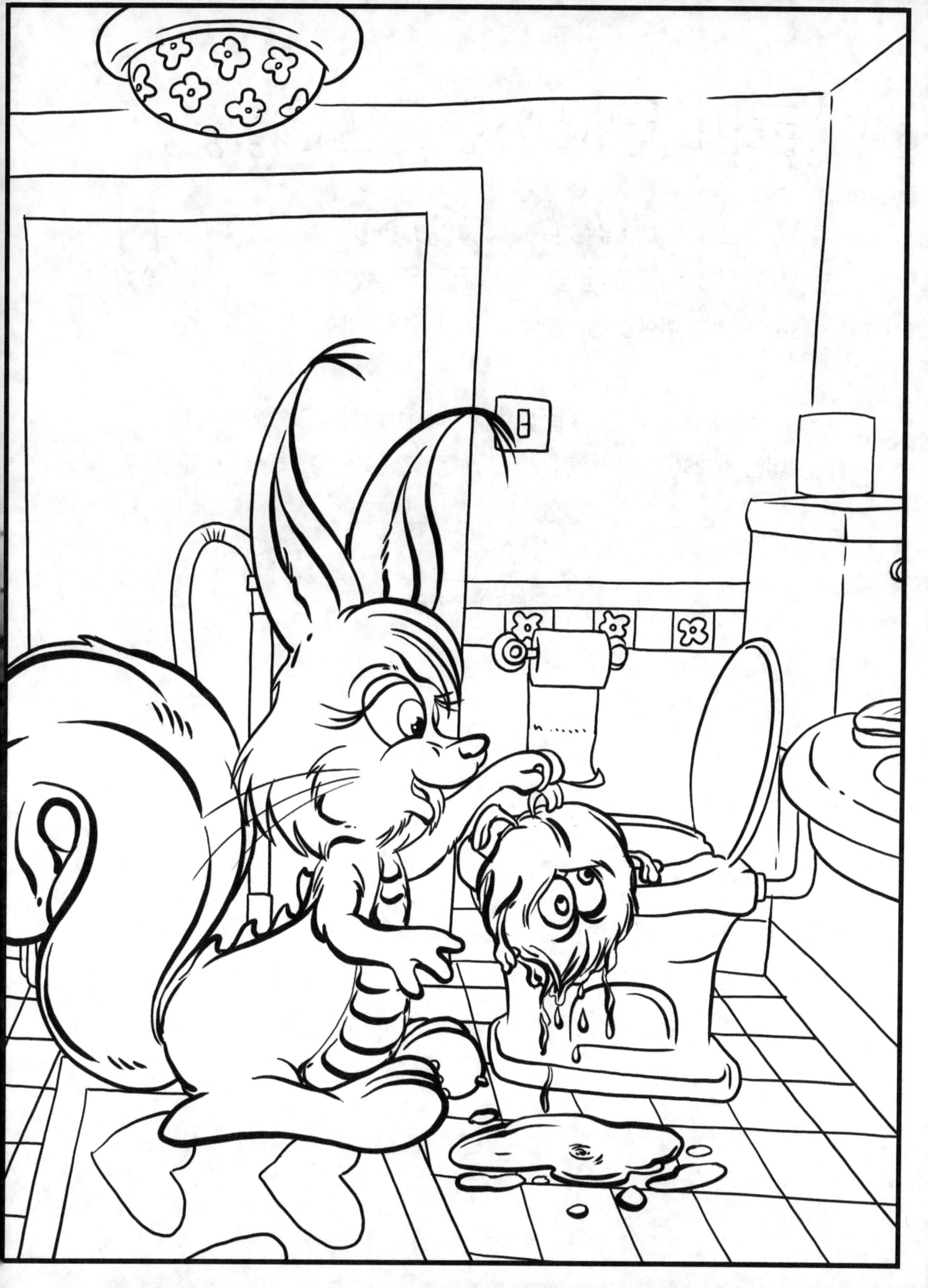

IL RUSPOLO...

...IL RUSPOLO E' UN PO' COME ME,
UNA FORMA DI VITA DIVERSA DA UN
ANIMALE E DA UN ESSERE UMANO.

SPESSO SI STRANISCE E OSSERVA
NEL VUOTO PER ORE E ORE, PER POI
ESCLAMARE

"PIO-VE!"

O

"NON PIO-VE!"

SONO LE UNICHE PAROLE CHE CONOSCE,
EPPURE SONO CONVINTA CHE SIA UNO
STREGONE POTENTISSIMO!

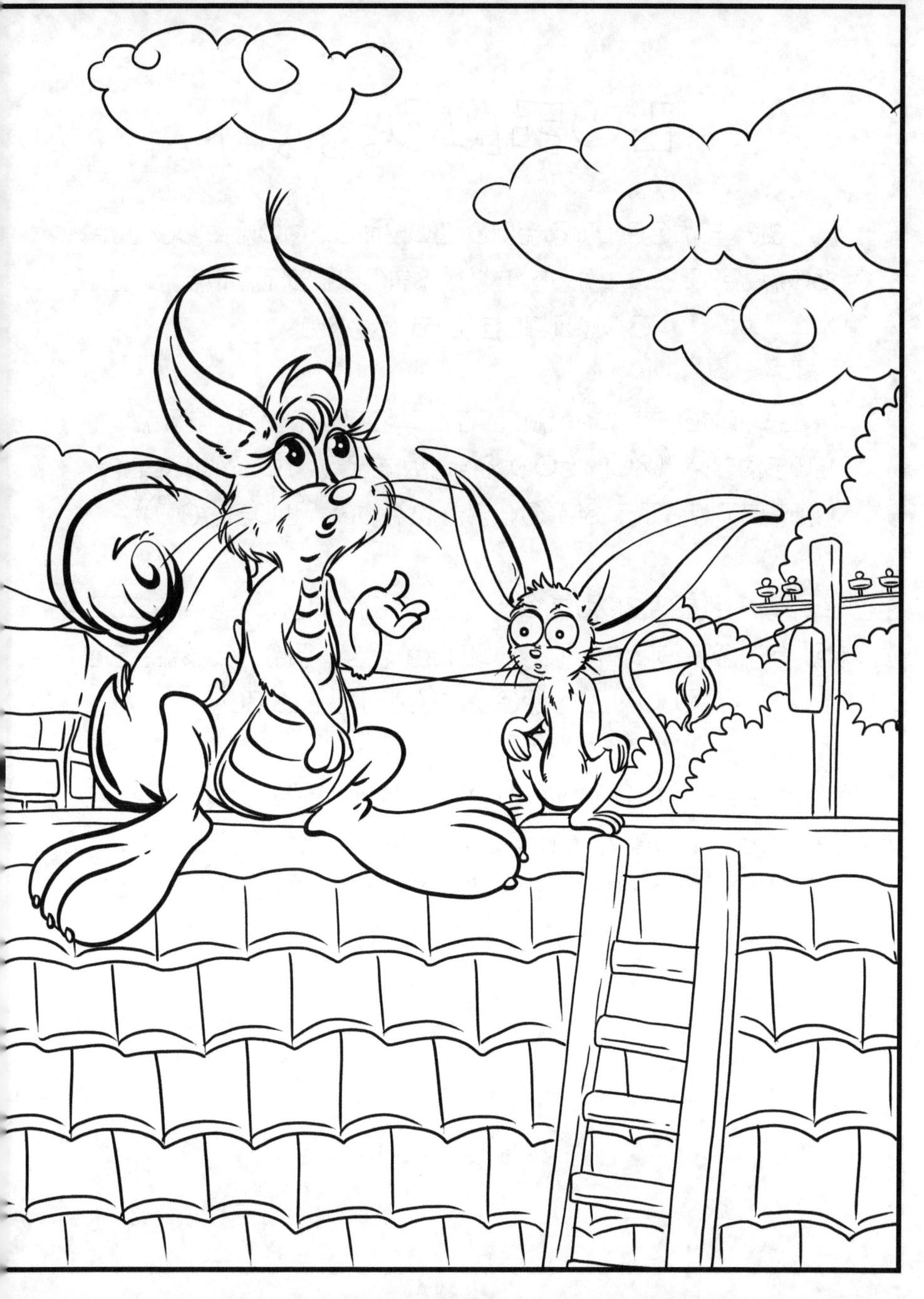

LUINO...

...HO INCONTRATO LUINO, QUANDO LA SUA ASTRONAVE E' PRECIPITATA NEL CORTILE DI CASA.

LUINO E' UN ALIENO DEL PIANETA LUINIA (SUL SUO PIANETA TUTTI GLI ABITANTI SI CHIAMANO "LUINO").

DI PROFESSIONE FA IL COMMERCIALISTA ED E' ARRIVATO SULLA TERRA, GRAZIE AD UNA VACANZA PREMIO.

DA ALLORA SIAMO DIVENTATI AMICI E, PER VENIRE A FARMI VISITA, SCHIANTA SPESSO LA SUA ASTRONAVE NEL NOSTRO GIARDINO!

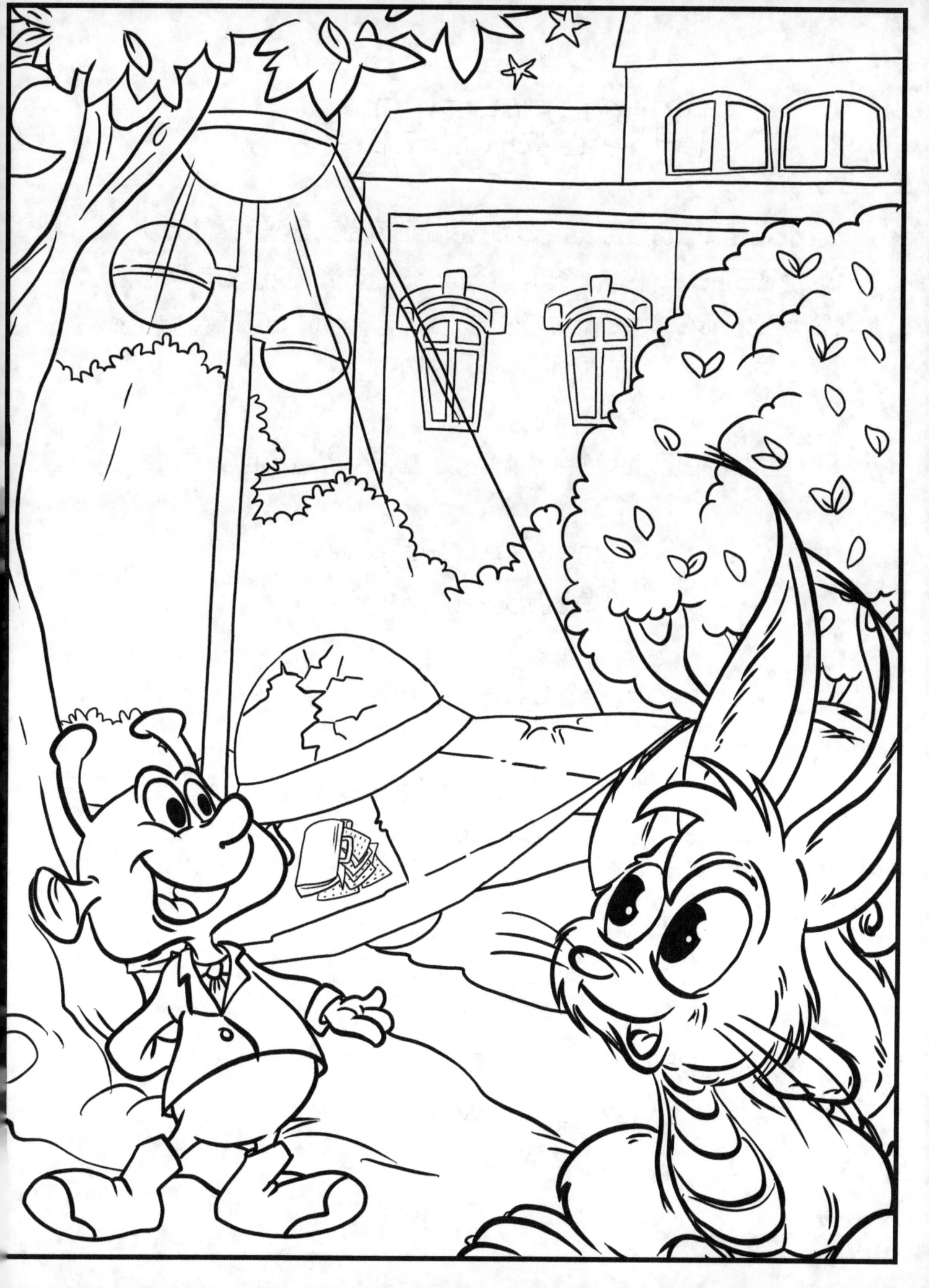

KUBABA...

...KUBABA E' UN ANTICO SPIRITO BABILONESE CHE POSSO EVOCARE DAL PASSATO, QUANDO MI SERVONO TANTI TANTI MUSCOLI.

LA FORMULA PER CHIAMARLO E':

KUBABA-KUBABA
KUBABA-KUBABA

KU-KU-KU-KUBABA

KUBABA-KUBABA
KUBABA

KUBABAAAAAAAAAAAAA!
(CON GRANDE ENFASI!)

SE VOLETE CHIAMRLO ASSICURATEVI DI AVERE MOOOLTO SPAZIO A DISPOSIZIONE!

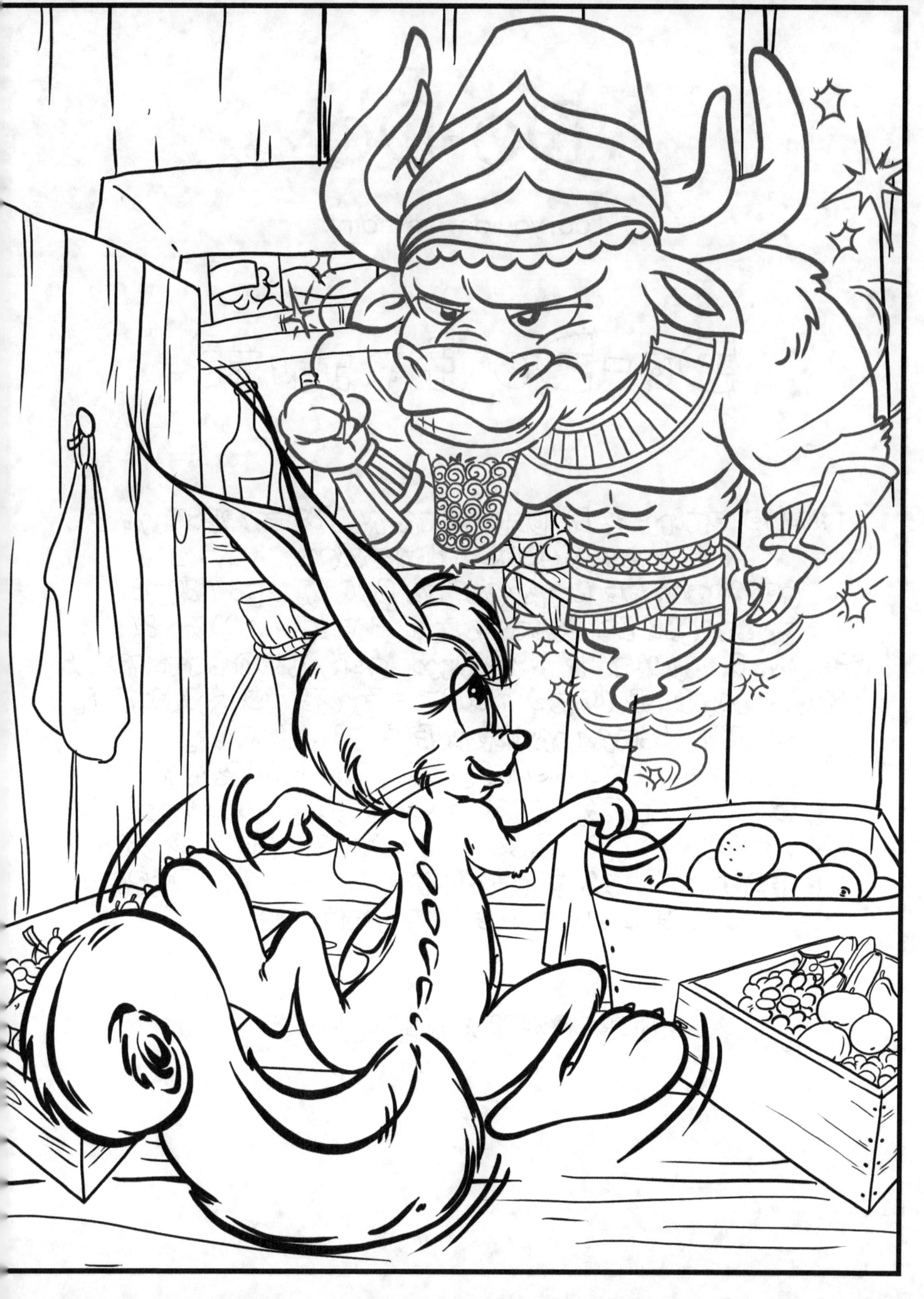

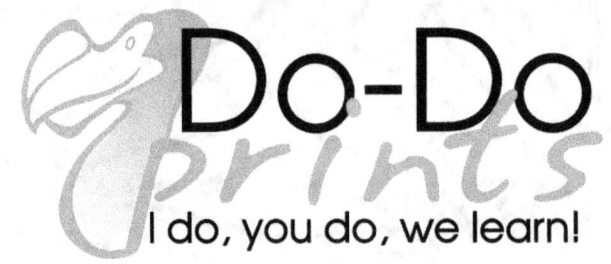

I do, you do, we learn!

DO-DO PRINTS

DO-DO PRINTS E' DEDICATA ALL'ISTRUZIONE E
ALLA LUDO-DIDATTICA.
COMPRENDE UNA VASTA GAMMA DI LIBRI
CARTACEI ED ELETTRONICI PER BAMBINI,
GIOVANI, ADULTI E ANZIANI, CON L'OBIETTIVO DI
MIGLIORARE LE LORO COMPETENZE COGNITIVE IN
MANIERA NATURALE E PIACEVOLE.
I PRODOTTI DO-DO VENGONO REALIZZATI IN
LINGUE DIVERSE, ALLO SCOPO DI RAGGIUNGERE
IL MAGGIOR NUMERO DEI LETTORI POSSIBILI
E FORNIRE, AL CONTEMPO, UN'ESPERIENZA
EDUCATIVA E DIVERTENTE.

DODO@BEMYSTUDIO.COM

www.ingramcontent.com/pod-product-compliance
Lightning Source LLC
Chambersburg PA
CBHW081213180526

45170CB00006B/2331